> *"Alegrai-vos na esperança, sede pacientes na tribulação, perseverai na oração."*
> Romanos 12:12

Para Superar Dificuldades

Valdemir Pereira Barbosa

Copyright © Valdemir Pereira Barbosa, 2008

Todos os direitos reservados:
Editora Otimismo Ltda
SIBS - Quadra 03 - Conjunto C - Lote 29
71736-303 - Núcleo Bandeirante
Brasília - DF
Telefax: (61) 3386-0459
3386-4964
1º Edição - 10.000 exemplares
Janeiro de 2008

B238 Barbosa, Valdemir P.
Para Superar Dificuldades / Valdemir Pereira
Barbosa. 1. Ed -- Brasília: Otimismo, 2008
192 p. il.
ISBN 978-85-86524-47-9

1. Mensagens   I. Título

CDU 217

Capa: Lourival Lopes Júnior

Sumário

Prefácio 9

2 – O viajor frustrado 11
3 – Consciência 14
4 – Mudança de atitudes 16
5 – Socorro Providencial 18
6 – Esforço 20
7 – Auto-ajuda 22
8 – Justiça 24
9 – Tempo e Fé 26
10 – Constância 28
11 – Nova oportunidade 30
12 – Superação 32
13 – Vencer-se 34
14 – O *não* como benefício 36
15 – Auto-respeito 38
16 – Acreditar na própria capacidade 40
17 – Egoísmo Não, Amor Próprio! 42
18 – Ainda Hoje 44

19 – Vida: bem precioso 46
20 – Sempre há uma curva 48
21 – Sítio da paz 50
22 – Palco das ilusões 53
23 – Insegurança 55
24 – O bem indireto 57
25 – Entes queridos 59
26 – Acontecimentos necessários 61
27 – Alimento para a alma 63
28 – A verdade sempre aparece 65
29 – Perseverança no bem 67
30 – Amor com firmeza 69
31 – Neutralidade 71
32 – Vigilância 73
33 – Sua fé 75
34 – Oportunidade e garra 77
35 – Reflexo das atitudes 79
36 – Sensibilidade 81
37 – Filhos e pais 83
38 – O trabalho da humildade 85
39 – Riscos e vitórias 87
40 – Bom ânimo 89

41 – Suicídio! Ninguém morre 91
42 – O melhor exemplo 95
43 – Novo Caminho 97
44 – Mente sã 99
45 – Autodefesa 101
46 – O que é moral? 103
47 – Honrar oportunidades 105
48 – Experiências 107
49 – Paradas improfícuas 109
50 – Energia mental 111
51 – Recomece do zero 113
52 – Ser ou não cristão 115
53 – Mudança de pensamento 117
54 – Persistência 119
55 – Sorriso x Carranca 121
56 – Prudência 123
57 – Oportunidade e solução 125
58 – Réstia de luz 127
59 – Cônjuges 129
60 – Amor ou egoísmo 131
61 – O lavrador imprudente 133
62 – Ainda há tempo 136
63 – De braços abertos 138

64 – Escolhas 140
65 – Pais e filhos 142
66 – Provações e crescimento 144
67 – Libertação 146
68 – Hora de mudar 148
69 – Trevo da sorte 150
70 – Processo natural 152
71 – Recompor energias 154
72 – Troque as peças 156
73 – O tempo 158
74 – Só promessas 160
75 – Deus lhe entende 162
76 – Teste de eficiência 164
77 – Mágoa 167
78 – Honestidade 171
79 – Lentes escuras 175
80 – Hei de vencer 177
81 – Resgate 179
82 – Durante a tempestade 181
83 – Após o Calvário 183
84 – Mãe natureza 185
85 – Paz: sonho e realidade 188
Lembrança de Filho 191

"Os anjos cuidam e velam até pelos pormenores do Cosmo e, de forma especial, pelos homens".
São Jerônimo

Leitor (a) amigo (a)

É sabido que não existe receita para a felicidade, porque para cada pessoa ela tem um significado diferente. Da mesma forma esta questão pode ser aplicada no enfrentamento dos desafios, sobre os quais todo indivíduo é capaz de aceitá-los, suportá-los e assim também os consiga superar em gênero e grau.

A Física Quântica afirma que a mente tem papel fundamental na transformação dos acontecimentos, ou seja, podemos mudar muitas coisas, atrair outras e rechaçar tantas mais que não estejam nos trazendo paz e felicidade. É o poder do pensamento, aliado à fé e à grande vontade em agir ao invés de reagir contra qualquer dificuldade.

Estas singelas historietas, em curtos diálogos falam e demonstram, resumidamente, com simplicidade e objetividade que a superação de qualquer problema está a mais das vezes, subordinada à nossa autoconfiança, determinação e coragem em vencê-los.

São histórias que abordam as mais variadas situações no relacionamento humano, no dia-a-dia de todos nós.

Espero que ao menos uma delas encontre ressonância em seu coração, isto é, que possa lhe trazer algum benefício diante dos desafios, revigorando suas energias e esperanças, fatores estes tão importantes e necessários no dia a dia *Para Superar Dificuldades*.

Muita luz e paz para todos,

Valdemir Pereira Barbosa

2

O viajor frustrado

Toda noite ele saia para fazer a sua jornada em direção à cidade, somente as estrelas e a luz do luar o acompanhavam.

O objeto de sua peregrinação ao centro mais próximo era uma encomenda que havia feito, a qual aguardara pacientemente até então, e por não receber nenhum comunicado estava sempre indo averiguar sua chegada.

Durante o dia ele se ocupava com o seu trabalho, não dispondo de tempo para empreender tal caminhada.

Certa vez ele falou de si para consigo:

– Não posso mais caminhar sozinho, indo e vindo sem nenhum proveito, pois quando chego ao meu destino, não encontro a encomenda pela qual paguei e pela qual tanto tenho esperado.

Deixou-se levar pelo desânimo, porque noites e noites saia em longa caminhada na esperança de receber sua encomenda em dado local, na cidade mais próxima.

Depois de haver desistido da busca do objeto desejado, colocou-se entre a tristeza e a decepção.

Quando procurava a tão aguardada mercadoria, ele era impulsionado pela esperança que o motivava. Após ter desistido, parecia não possuir mais nenhum objetivo. Desiludira-se, pensando ter caminhado em vão.

Com a frustração que fora acometido, devido a falta de perseverança, se entregou a uma solidão atroz e contundente.

Envelheceu assim.

Quando um amigo seu que cuidava do recebimento das encomendas em tal localidade, o visitou certo dia e para sua surpresa, este lhe trouxe a tal encomenda.

Disse-lhe o amigo:

– A noite que você deixou de ir à cidade depois do expediente, foi o dia em que recebi o que você havia encomendado. Só agora tive a oportunidade de trazê-la e, preocupado com sua ausência, quis vir pessoalmente. Eis o que lhe pertence.

– Agora – respondeu o ele, frustrado – é tarde demais, estou velho e o que gostaria de fazer com tal, não mais me interessa, me desiludi.

– Pois bem – falou o amigo, preocupado. – Se tivesse empreendido mais uma viagem teria o que encomendou e, estaria usufruindo até hoje. Você desistiu e foi exatamente naquela tarde que o pacote chegou.

<u>Fabula simples, mas demonstra quão necessário se faz perseverar até o último instante, nas "encomendas" que fizemos à vida, na conquista dos nossos sonhos.</u>

É NO BOJO DAS DIFICULDADES QUE COLOCAMOS À PROVA A NOSSA RESISTÊNCIA, FÉ, PACIÊNCIA E CAPACIDADE DE SUPERAÇÃO.

3

Consciência

O arrependimento parecia tardio, mas a consciência daquele homem havia despertado fazendo-o ver o que até então não conseguira perceber.

Agora que despertara para a razão, pretendia voltar atrás e desfazer o erro que havia cometido...

Procuraria a pessoa com quem falhara, no desejo de reatar os laços da amizade e da confiança, com o reconhecimento de sua falta.

Pediria então, perdão.

Diziam-lhe algumas pessoas que de nada adiantaria a retratação, que deveria dar mais valor a seu orgulho, de vez que a pessoa também falhara com ele.

Porém, tocado pelo remorso, não conseguia encontrar paz e alegria. Em seu íntimo, sua índole estava acima de qualquer conselho menos fraterno e justo a respeito de sua retratação.

Procurou então a pessoa com a qual deveria redimir-se, com humildade e sinceridade, e ouviu do interlocutor:

– Tudo bem, está perdoado! Isso não importa mais.

Aliviado, ele pôde ficar em paz com a sua consciência e daquele momento em diante procurou sempre fazer uma auto-análise para não mais errar da forma como errou.

Ele aprendeu com os erros e estava disposto a continuar seu aprendizado, mas aprender para não errar, e não errar para depois aprender.

4

Mudança de atitudes

A sua reação era sempre de forma negativa. Quando alguém lhe ofendia, suas atitudes eram quase sempre correspondentes à de seus ofensores.

Não podia entender a razão de estar às voltas com problemas de relacionamento com as pessoas.

– Mude de atitude, meu caro. – aconselhava-o um companheiro – Não revide ofensas, diante delas aja de forma diferente.

– Não consigo – respondia ele, desanimado. - Essas situações parecem me perseguir.

– Exatamente por isso – replicou o companheiro, - você dá muita importância às provocações. A partir do momento que fizer "vistas grossas" a este tipo de situação, não as atrairá mais para si.

Ele achou razoável e acatou a sugestão. Com esforço obteve sucesso ao fazer uma mudança de atitudes.

Compreendeu que não são exatamente as pessoas que precisam mudar de comportamento, sim, ele próprio, pois era ele quem mais sofria com isso.

Entendeu que uma reação negativa não modifica o que é negativo, sim dá mais força e ênfase à negatividade.

– A mudança de comportamentos deve partir primeiramente de mim mesmo – disse ele de si para consigo - Não devo exigir esta atitude dos outros, sim me cobrar e vigiar mais para não ter atitude semelhante.

Socorro Providencial

Todos pareciam ter perdido a esperança. O barco estava à deriva, sem combustível, sem botes e sem remos. O desespero era visível nos rostos da tripulação e, para completar, um vendaval estava se formando em alto mar.

A eminência de uma tragédia deixava-os cada vez mais apavorados.

– Iremos todos morrer! – gritavam alguns.

– Não há mais esperança para nós, quem irá nos salvar dessa tormenta? – bradavam outros.

– Deus irá nos salvar, confiemos! – disse uma senhora depositando sua confiança na Providência Divina.

O vento que até o momento soprava, distanciando o barco cada vez mais da costa, se inverteu.

O pânico foi geral.

Foram sessenta minutos de tensão e pavor em meio à escuridão que se formou. No entanto, tão logo o vento diminuiu, eis que o barco foi jogado entre as pedras, estavam na praia, o vendaval os empurrara para lá, quando mudou de posição.

A eminente tragédia transformara-se em um benefício da natureza, e todos, embora o grande susto, estavam a salvo.

O barco de sua vida não está à deriva, Deus tem os lemes em Suas mãos.

Portanto, sempre haverá uma esperança. Depois da tempestade o sol reaparece mostrando um novo cenário.

6

Esforço

Foi difícil chegar até ali, no entanto, seus esforços foram coroados de muita alegria e orgulho. Aqueles jovens sonhadores e idealistas estavam se formando depois de meia década de faculdade.

Os sacrifícios pessoais: os gastos, o empenho, as frustrações, o desânimo vencido, o estresse superado, valeram a pena.

Agora tinham pela frente uma nova batalha; depois de receberem o diploma teriam que enfrentar com o mesmo afinco as filas do mercado de trabalho...

Todos foram à luta.

E cada um estava ciente de que o ânimo teria de ser dobrado, e que o esmorecimento era verbo que não se podia conjugar.

Bateram em muitas portas que não se abriram, porém, logo mais a frente encontraram outras abertas...

Quando preparados, as oportunidades surgem, seja hoje, amanhã ou no mês seguinte, não importa, elas sempre surgem. É só persistir.

Ontem encontrei com algumas dessas pessoas que acreditaram em seu valor, em seu potencial e seguiram em frente sem desanimar e, hoje desfrutam da alegria dos esforços empreendidos na luta. São vencedoras, porque lutaram para isso.

– Quando caminhamos com um ideal em mente – disse um deles – devemos dar passos firmes e seguros do contrário nem vale a pena começar.

Auto-ajuda

O negativismo era algo constante na vida daquela jovem, por mais que o sol brilhasse, ela só conseguia ver escuridão em seus dias.

Não era a vida em si que se tornara ruim, sim a maneira como ela a encarava que a fazia experimentar o amargor da depressão, do desalento e da desilusão.

– Clara, mude sua forma de pensar e tudo a sua volta terá um novo sentido – aconselhava sua mãe – as coisas têm o colorido que damos a elas.

– Não sou eu que tenho de mudar, são as coisas – redargüia Clara, com afetação.

– Não, minha filha! As dificuldades existem, porém, para superá-las depende da nossa atitude mental. Somos nós que precisamos adotar postura diferente diante das adversidades: ponderação, otimismo e equilíbrio.

– Isso realmente adiantaria mamãe?

– Com certeza! Experimente, mesmo que as coisas não mudem de um momento para outro, só o fato de se manter firme, já ajuda.

– Entendi – tornou Clara – quer dizer que devemos fazer a parte que nos cabe para que Deus possa fazer a Dele?

– Sim, filha, Deus sempre faz a parte Dele, nós igualmente devemos fazer a nossa, e ai tudo acaba bem! O interesse e necessidades são nossos, por isso não podemos transferi-los a Ele. Se não fosse assim não teríamos mérito algum.

8

Justiça

Certa vez alguém disse que um ato de injustiça deveria ser respondido na mesma proporção, fazendo com que os responsáveis sofressem as injunções de seus maus atos.

Um dos presentes sugeriu uma retaliação, termo esse com o mesmo peso de vingança. Outro ressaltou que os que assim agem têm como "prêmio" de incentivo a impunidade, por isso não se intimidam ante as pressões...

Outra pessoa argumentou que a justiça dos homens é falha e cega, e deveria a sociedade fazer valer o papel que as autoridades não vêm fazendo como ela mesma acha que deveria ser.

Entre todos se levantou um jovem, calmo e firme que objetou, contrariando a opinião exaltada dos presentes:

– Meus amigos – disse ele –, o homem mais injustiçado sobre a terra morreu num madeiro infame, crucificado e nem por isso pediu que se fizesse justiça em seu nome. Por acreditar no amor e na Justiça Divina, pediu a Deus que perdoasse os seus algozes.

O rapaz fez breve intervalo e depois continuou:

– Não conteremos com a enxurrada da maldade fazendo lama, nem poderemos nos ver como pessoas de bem descendo ao nível do mal. Não nos calemos, mas também não sejamos iguais àqueles que praticam desordens e injustiças.

9

Tempo e Fé

A incerteza e a dúvida rondavam os sonhos daquelas pessoas, ofuscando-lhes a cada dia o sol da esperança em atingir seus objetivos.

Eles reclamavam dizendo-se cansados de esperar tanto tempo por algo que nem sequer dava mostras de uma possível realização...

– A esperança morre quando um sonho demora a se realizar.

Reclamava o mais desanimado da turma.

– Nada disso – respondeu uma das partes interessadas – Não importa o tempo despendido, porque enquanto houver tempo existirá esperança!

– Mas essa incerteza me incomoda.

– Por isso sofre por antecipação, – tornou a pessoa mais otimista do grupo – se trocar essa dúvida pela certeza e deixar que as coisas sigam o curso normal, o alcance dos objetivos não tardará a chegar.

– Mas a necessidade não tem a mesma paciência em esperar – replicou o outro

– Administre-a, não permita que ela seja maior que a sua certeza em conseguir o que deseja e precisa – aconselhou o otimista.

– Esta situação tem me deixado muito desanimado. Até quando a suportarei?

– Ore, medite e visualize as coisas boas acontecendo. Pense positivo e não deixe que a ansiedade retarde a chegada de tudo que a vida tem para lhe oferecer. Saiba esperar.

Na vida tudo ou quase tudo tem um tempo para acontecer.

10

Constância

Era preciso adquirir confiança e aguardar que o melhor viesse acontecer e que um dia aquele doloroso quadro se modificasse.

Por mais que tudo parecesse dar errado, ela ainda se mantinha firme, constante. Caía, mas se levantava. Sofria, porém não perdia sua fé em Deus. Se traída, seguia em frente, não tinha tempo para alimentar revides e rancores em seu coração.

Ela era uma pessoa de fibra e para os amigos que se mostravam desanimados, tinha sempre uma palavra de incentivo e de conforto.

– Não deixe que a irritação atravesse seu caminho, pois em nada irá ajudá-lo. Se tropeçar e cair não reclame, muito menos diga qualquer palavra negativa, ria do tropeção, se possível até de uma suposta queda. Não torne as coisas mais difíceis, mesmo porque bom humor e otimismo é tudo de que precisa no momento.

– E se o fardo for pesado demais para as minhas forças? Perguntou o amigo que a ouvia interessado.

– Carregue-o aos poucos, ou de quando em vez faça algumas paradas, no entanto, não deixe de levá-lo até o final da caminhada. Porque o que deixamos para trás, feito pela metade, não significa que está fora do nosso caminho, pois será necessário que um dia retornemos para tornar a fazê-lo por inteiro.

– Farei como disse, – concordou o ouvinte – e acredito que será o melhor para mim. Agora entendo: é bem melhor pensar e esperar pelo melhor do que permanecer negativo, desalentado, sem fé e ainda sofrendo em dobro.

11

Nova oportunidade

Depois de ser desenganado pelos médicos certo homem resolveu doar seus bens às entidades assistenciais.

– Após minha passagem – argumentou ele – desejo que minha pequena fortuna seja dividida, contribuindo dessa forma para a alegria de outras pessoas.

– E por que não fez essa doação antes? – perguntou o advogado.

– Porque antes eu não passei pelas dificuldades que venho passando. Não via as pessoas e seus problemas da forma como agora os vejo. De que me adiantará a fortuna, o orgulho e a vaidade quando estiver do outro lado? Se não consegui ser mais humanitário enquanto gozava de boa saúde, a partir de agora quero que este seja o meu último gesto.

Naquela mesma noite ele sonhou com um anjo que lhe perguntou se sobrevivesse à cirurgia e ficasse curado, ele sustentaria ainda aquele nobre desejo. Ele respondeu que sim, e mais, faria tudo o que antes não fizera.

Uma semana depois ele se sentia melhor, a operação foi um sucesso. Passado um mês após novos exames, os médicos, surpresos, confirmaram que ele ainda viveria muitos anos.

Ele estava transformado. Doou parte de seus bens, ficando com o suficiente para sua subsistência e era um novo homem.

Seu senso de amor e justiça ao semelhante havia adquirido uma solidez e convicção de que somente o amor é capaz de favorecer a outra pessoa uma nova chance. E ele recebera de Deus nova oportunidade, se transformando para a vida sendo útil à sociedade.

12

Superação

As dificuldades eram tantas que ela estava chegando ao ponto de dizer que iria desistir.

– Aguente firme, só mais um pouco. Você irá superar esta fase.

Disse-lhe sua confidente, embora sabendo das lutas sem vitórias travadas pela amiga.

– Não sei mais o que fazer respondeu, desanimada, – as coisas para mim parecem que nunca darão certo.

– Vamos combinar algo: a palavra *nunca*, não deve fazer parte do seu vocabulário, e espere por mais algum tempo acreditando que a situação não só pode como irá melhorar.

– E o que eu devo fazer para mudar este quadro? – perguntou desanimada.

– Mentalize as coisas ruins saindo por uma porta e as boas entrando por outra, preenchendo o espaço ocupado pelo negativismo, pelo desânimo. Ore, tenha fé em Deus e não duvide de que irá vencer.

Passado algum tempo desse diálogo, ela reapareceu feliz da vida, dizendo:

– Acatei o seu conselho e passei a me sentir bem melhor, aos poucos as coisas também foram melhorando, empregando esforço, confiança e otimismo, passando a mentalizar, sentir e ver as coisas, a própria vida, as pessoas e os problemas de maneira diferente. Faço exercícios periódicos de meditação e pensamentos otimistas e percebo que a minha força interior é bem maior que tudo aquilo que fazia me sentir impotente, sem esperança, sem rumo.

Tornou a confidente:

– Parabéns! Aprenda a usar o potencial que há em você e descobrirá que ainda pode muito mais.

Vencer-se

Existem pessoas que se levantam para nunca mais cair e em contrapartida há aquelas outras que depois da queda ao se levantarem, estão vezes outras dando seus escorregões.

Note-se a diferença: Quem está sempre escorregando e caindo é porque se esforça para se manter de pé. Os deslizes acabam sempre visitando os indivíduos que ainda não estão totalmente firmes, muito embora a vontade que demonstram possuir.

Enquanto que outros caem e lá permanecem se comprazendo no lugar que ficaram e de lá também nem cogitam em sair.

Se alguém desliza cometendo os mesmos erros e fraquezas, e está sempre se esforçando para não reincidir neles, haverá um dia, que terá preponderância sobre suas fraquezas.

Cada um sabe e aprende a lidar da melhor maneira com seus próprios defeitos, até extirpá-los ou simplesmente coibi-los.

Não importa quantas vezes caiu ou cairá, pois o importante é conscientizar-se e ter boa vontade em se manter de pé, definitivamente.

Você pode vacilar, mas não desanime por isso, porque de tanto tentar você vence a sua maior adversária: suas fraquezas.

Razão pela qual indivíduo algum deve julgar a quem quer que seja, porque cada qual deve se conhecer suficientemente e empregar todo esforço na corrigenda no que possa estar errado em si e não nos outros. Perder tempo observando os defeitos alheios é retardar a própria autotransformação.

O não como benefício

Alguém sempre reclamava, dizendo que Deus não a ouvia, razão pelas quais suas preces jamais foram atendidas.

Passava pela mente a dúvida sobre a existência do Criador Divino, em decorrência da sua desilusão e insatisfação diante das solicitações a Ele endereçadas, e que jamais foram atendidas.

Esta pessoa, porém, não compreendia que o *não* de seus pedidos era uma ajuda providencial, pois suas solicitações se restringiam as coisas e fatos que futuramente poderiam infelicitá-la.

Depois de ouvir uma palestra intitulada: *O "não" como benefício*, e após muito meditar a respeito do que ouvira, compreendeu que poderia estar pedindo de forma errada.

Pois nem sempre o que desejamos será realmente o melhor para nossa vida, à nossa felicidade.

Devemos acreditar em Deus em todos os momentos e não tão somente quando Ele atende a este ou aquele nosso pedido. Porque nem sempre sabemos o que pedimos, nem mesmo se temos méritos sobre o pedido.

O *"não"* como resposta pode ser um benefício e em outros momentos o *sim* a nossa derrocada infelicidade, dependendo do que possa estar por detrás do que solicitamos.

E em tempo oportuno ela descobriu realmente isso, porque se o seu pedido tivesse sido atendido da forma como desejava, com certeza ela teria se arrependido amargamente, e hoje ela só faz agradecer ao Criador por não tê-la atendido naqueles momentos.

15

Auto-respeito

Conta-se que certa vez uma pessoa desesperada pedira a Deus a oportunidade na vida para poder mostrar o seu valor aos outros, sentindo-se inferiorizada porque a tinham na conta de alguém sem brio, sem graça.

Um mensageiro amigo surgiu-lhe durante a noite em sonho, com a seguinte orientação:

– Amigo e irmão! Trago para você uma recomendação: As oportunidades sempre lhe foram conferidas, mas não está sabendo aproveitá-las. O respeito que espera que lhe dêem, deve nascer primeiramente de seu mundo íntimo, por isso acima de tudo respeite-se! Se não quer viver conforme os ditames da sociedade, e sim conforme sua consciência e princípios, melhor será não dar importância sobre o que comentam ou pensam a seu respeito. Se não o aceitam como é, e se faz coisas contrárias ao seu pensamento apenas para satisfazer o capricho dos outros, você ganha a simpatia deles, mas em contrapartida perde a sua individualidade e personalidade, traindo dessa forma seus princípios. Então veja o que é mais importante para si mesmo.

"Você e todo indivíduo deve ser aceito e respeitado como é, daí o nome *indivíduo*, porque não podemos ser exatamente iguais e devemos ser respeitados e aceitos por isso."

Na manhã seguinte o nosso personagem acordou com uma outra visão a respeito de si mesmo, e em relação ao que pedira a Deus. Passando a se amar mais, a ter mais auto-estima, acreditando no seu valor sem com isso querer prová-lo a quem quer que seja.

Acreditar na própria capacidade

O sentimento de uma eminente derrota aflorava levando-os ao completo desânimo, antes mesmo do final daquela partida.

– Lutemos até o final! Enquanto restar alguns minutos, resta alguma esperança, alguma chance...– incentivou o chefe da equipe.

– Mas, como, senhor? Não podemos reverter a situação!

– Acreditem em sua capacidade, no seu talento e encontrarão forças no mais profundo de seu ser. Revertamos o jogo a nosso favor!

Depois de ouvi-lo, toda equipe recobrou o ânimo e passaram a jogar da forma como sabiam: sem medo, em parceria, inteligência, otimismo e fé.

Com esforço conseguiram superar a equipe adversária, com jogo de cintura, disciplina e senso de equipe, confiantes que poderiam virar o jogo.

Ao menos se conscientizaram de que era preciso não perder a garra, não se entregar; não dar a partida como vencida, como se estivessem antecipando a própria derrota.

Pois mesmo se perdessem o jogo, a pior derrota seria a de ter se entregado ao desânimo.

Até o vento os favoreceu, mudando de posição, como que movido pelo ânimo e força de vontade daquela equipe.

A vida não é parcial, favorecendo uns e abandonando outros, ela simplesmente sopra onde há empenho, coragem e perseverança.

Quando mudamos de atitude, agindo de forma positiva, a vida também nos responde no mesmo grau.

Egoísmo Não, Amor Próprio!

Uma senhora contou certa vez o que se passou com ela e o marido, e se sentia culpada pelo que ele lhe disse:

– Meu esposo diz que sou egoísta porque afirma que só penso em mim. Isso não é verdade, as minhas necessidades também são importantes, muito embora eu não as coloque em primeiro plano, por pensar mais nos outros do que em mim!

– Que bom que aja assim – disse-lhe o psicólogo –, porque ser egoísta é bem diferente, pois amar a si mesma não é egoísmo; é autovalorização. As pessoas precisam e devem mesmo se amar muito, e este amor deve ser estendido ao semelhante.

– Quer dizer doutor, que estou certa?

– Se estiver agindo dentro dos parâmetros do equilíbrio, a senhora está mais do que certa, portanto, não há porque se condenar por isso. Talvez o seu marido que esteja agindo de forma egoísta ao querer que se abdique das coisas que são importantes para a senhora, para se dedicar exclusivamente a ele. As pessoas precisam ter amor próprio, brio e valor. Não deixe a sua vida no vazio ao tentar preencher a vida dos que estão ao seu lado. Viver a vida a dois e compartilhá-la com os filhos, não é esquecer de si própria.

– Mas ele não me entende, doutor! – argumentou ela, desolada.

– Faça-o entendê-la, porque muitos confundem amor próprio com egoísmo. Querer e pensar somente em si mesma é uma forma de egoísmo, mas reservar um tempo para se cuidar, se avaliar e prestar mais atenção ao que se passa com você é amor próprio, não egoísmo.

Ainda Hoje

Uma devotada e fiel amiga procurou-a a fim de se aconselhar com ela, admitindo que chegara ao limite de suas forças e não conseguindo atinar para a própria razão achou por bem ouvir de uma outra pessoa a orientação que até então não tivera.

A confidente sem se fazer de rogada condescendeu ao apelo da amiga, com a seguinte orientação:

– Ouça bem, ainda hoje você deve deixar que sua vontade em mudar seja, além de sincera, maior que seu desejo em persistir no erro, na dúvida, enfim qualquer coisa que possa estar lhe afligindo.

– Não poderei começar amanhã, tem de ser hoje?

Perguntou ela, receosa e vacilante.

– Sim. Tem que ser hoje, porque amanhã você pode não estar aqui para este recomeço, muita coisa pode acontecer em um minuto, portanto é melhor que queira começar hoje, agora! E mudar o que você sente necessidade de ser mudado em sua vida, em seu modo de viver.

– E se eu tiver recaída?

– Você pode até ter uma! Porém esse é um processo normal, até que se sinta forte o bastante para não cair novamente em tentação, poderá até pensar, querer, mas a reflexão evita qualquer ação.

– Caso eu não consiga e venha a ficar nas recaídas, tenho medo de não conseguir!

– Se quer realmente mudar você fará um esforço sobrenatural para que isso aconteça mesmo se cair muitas vezes, no entanto, não desistirá. Confie na própria vontade, desenvolva o autodomínio.

19

Vida: bem precioso.

Depois de passada a tormenta a mulher olhou para o marido, e ainda desesperada e inconformada, exclamou:

– Meu Deus! O que iremos fazer?... Está tudo acabado, perdemos tudo. Por que isso foi acontecer?

O marido, embora triste e desconsolado, com um misto de resignação, coragem e fé encontrou forças para dizer:

– Procure se acalmar, mulher. Não perdemos tudo como você diz, ainda dispomos do bem mais precioso que Deus nos deu: a vida.

E ela se voltou para ele, tornando a queixar-se em prantos desesperados:

– Sim, mas de que vale a vida sem os nossos bens, nossa casa?

– Ela vale muito, querida – respondeu ele com voz grave. – E eu lhe pergunto: O que valeria ter todos os bens que o dinheiro pode comprar agora se não tivéssemos mais as nossas vidas? Eles poderiam devolvê-las a nós? Claro que não. Mas vivendo ainda, Deus há de nos proporcionar forças e oportunidades para recuperarmos o que perdemos, porque o que importa no momento é que estamos vivos, bem e com saúde. As outras coisas vêm com o tempo, se acreditarmos nele e trabalharmos com otimismo e resignação para que isso aconteça.

Ela o abraçou fortemente, argumentando:

– Isso levará muito tempo. Como vamos nos arranjar?

– Que importa o tempo se tivemos outra chance de viver enquanto muitos outros já a perderam! Não sobrevivemos por obra do acaso, nossa hora não chegou, agradeço as Forças Superiores por termos resistido, por isso acredito que teremos nova chance de reconstruir tudo.

Sempre há uma curva

Aconselhou o amigo mais próximo, esperando dissuadi-lo daquela decisão:
– Existem outros meios, mais dignos de subir na vida, de conquistar seu espaço sem precisar agir de forma duvidosa e anti-ética.
– Sim, eu sei, porém a vida nem sempre permite que todos vençam por esses meios – argumentou o revoltado.
– Enganar, trair e usar as pessoas não é nada sensato. O ganho legítimo é aquele que temos quando agimos com sinceridade, dando o melhor de nós.
Prosseguiu o conselheiro.
– Não tenho tempo a perder, a vida jamais sorriu para mim, então, preciso pegar um atalho; o mundo realmente é dos espertalhões. Entende!

– Meu amigo, – tentou novamente o conselheiro – enquanto alimentar a idéia que o mundo é dos tidos como espertalhões, expressão esta dada aos desonestos, traidores e inescrupulosos, você demorará a sair da posição em que se encontra...

– E qual é a posição em que me encontro?

– A de alguém que segue por determinada estrada, mas se esquece de que em toda estrada sempre haverá curvas, esta não será sempre reta, portanto você não sabe o que estará lhe esperando na primeira ou próxima curva. Por isso será sempre prudente e bom viver com fé e honestidade, enfim, com caráter.

– As pessoas não estão nem aí para caráter! – disse, demonstrando desilusão.

– Engano seu, é isso que os maus-caráter esperam que pensemos. Não faça parte desse grupo. Você é melhor e pode mais que eles.

21

Sítio da paz

Uma jovem decidiu tomar uma atitude extrema, após ser abandonada pelo rapaz com quem sonhava em se casar.

Chegou angustiada e desiludida no parapeito de uma ponte, decidida a pôr um fim à própria existência.

Quando se preparava para subir na proteção da ponte, eis que surgiu um ancião pedindo lhe informação. Era tarde da noite e quase ninguém passava por ali. De onde ele surgira, tão silenciosa e repentinamente?

– Eu não sei onde fica esse *Sítio da Paz*, senhor – respondeu ela com tristeza no olhar.

– Se eu o encontrar, gostaria de conhecê-lo? – perguntou o velho, serenamente.

Ela o fitou e num misto de tristeza e emoção, respondeu:

– Pelo nome, o lugar deve ser muito bonito. Seria ótimo se conhecesse um lugar assim.

– Pois bem – disse ele - mas para isso você deve se amar mais, amar sua vida, seus pais, mais que a qualquer homem... Morrer desse jeito só irá distanciá-la desse Sítio e do seu amor próprio.

Ela se surpreendeu e começou a chorar, dizendo-lhe que estava com a razão. E ao levantar a cabeça, depois de enxugar as lágrimas, olhou ao derredor e não viu mais o simpático velhinho. A partir daquele momento ela se arrependeu do que iria fazer, algo novo nascera em seu coração.

Voltou para casa e rasgou a carta de despedida que havia deixado aos pais, e adormeceu.

Dois dias depois, já mais ciente, enquanto procurava um documento na caixa de sua mãe, encontrou uma foto que nunca havia visto antes.

– Quem é esse senhor, mamãe?

Perguntou assustada.

– Ah! Esse era meu querido avô – respondeu sua mãe com brilho nos olhar. – Eu o adorava. Sabe, ele tinha um pequeno, mas lindo sítio no qual cultivava flores, era um lugar agradável, lindo. E ele o chamava de *Sítio da paz*, porque era assim que todos se sentiam quando iam para visitar o lugar, as pessoas se refaziam e esqueciam dos problemas, se enchiam de esperança, de amor e de vida!

A moça chorou compulsivamente com a foto do velhinho, seu bisavô, de encontro ao peito, entendendo dessa forma a mensagem que a vida lhe enviara: de que é ilusório o ato de tentar tirar a própria vida.

TEMOS NA VIDA O TEMPO NECESSÁRIO E O NECESSÁRIO PARA O TEMPO.

22

Palco das ilusões

Ela sonhava com a fama, dinheiro, conforto e prestígio social, quanto a isso não havia nada de errado, a maneira como procedia é que dava margem ao mal em sua vida.

Sonhava tanto que às vezes se esquecia de viver a própria realidade, não se importando como e o que faria para chegar onde desejava.

Sonhava com o palco, entretanto, dentro e fora de si criara o palco das ilusões, usando de métodos nada escrupulosos para atingir seus objetivos e transformar seus sonhos em realidade.

– O que tiver de ser seu, virá a seu encontro, querida.

Orientou-lhe sua mãe, preocupada com suas atitudes e ambição.

Ela, porém não dava ouvidos e continuava a agir de forma preocupante, pois os que não caminham ao lado do bem sofrem as conseqüências dos seus tristes atos.

– Chegarei onde quero! Não importa o preço a pagar por isso, estou disposta a pagá-lo – dizia ela determinada – Nasci para vencer!

– As coisas não funcionam desta maneira, minha filha. Para se conquistar o bem-estar é necessário que trilhemos o caminho do bem, porque toda e qualquer conquista, que não seja através dele, será tão pequena e passageira que não fará de alguém uma pessoa realmente feliz e de bem com a vida.

– E o que me sugere, mamãe? Que passe a vida toda sonhando acordada?

– Não. Mas em algumas circunstancias é melhor ficar na platéia, esperando pela sua vez honestamente do que viver nos palco das ilusões de maneira errônea e equivocada.

23

Insegurança

O medo de altura se tornara um entrave constrangedor em sua vida. Ela se privava dos prazeres mais comuns da vida, como por exemplo: Subir até o segundo piso de um shopping para ir à sala de cinema, por ter medo de andar em escada rolante e elevador.

– Segure firme no corrimão e pise no degrau e relaxe – incentivava uma das amigas.

– Não posso, não consigo. Tenho medo de cair. – respondia ela, visivelmente insegura de si. – Bem que gostaria, mas, infelizmente não posso.

E assim ela deixava de acompanhar as amigas até o outro andar, de ir ao cinema, de se sentar à mesa na praça de alimentação, de ver o que havia além do que já conhecia no térreo do shopping.

Assim são algumas pessoas. Elas deixam de viver a vida, dominadas pelo medo e insegurança, desestimuladas pela falta de autoconfiança, fator esse importante para poderem seguir adiante em qualquer situação ou atividade do cotidiano.

Deixam de conhecer o que há de novo do outro lado da ponte, separadas pelo abismo da insegurança ou da baixa estima.

Às vezes atravessam a existência dessa forma sem se darem uma chance, temendo fracassar, se decepcionar, esquecendo que a vida é feita de experiências, e elas são adquiridas no dia-a- dia, entre as lacunas dos erros e acertos, dos fracassos e vitórias.

O bem indireto

O articulista colaborador interrompera suas atividades de escrita, alegando problemas de consciência ou incompatibilidade entre o que vivia e o que escrevia.

O editor que lhe dera esta oportunidade quis saber o motivo que o levou a tomar aquela decisão, de vez que os leitores se identificavam e gostavam do que ele escrevia.

– Sinto-me constrangido, e às vezes hipócrita – argumentou ao seu editor – Não sou tudo que escrevo, embora reconheça que muitas pessoas tem se beneficiado com meus textos.

– Muito bem! – concordou em parte o editor – Você disse algo muito importante: muitos têm se valido dos seus artigos para levantar o moral.

– Porém as pessoas acreditam e me tratam como se eu fosse tudo conforme escrevo; não sou um modelo de perfeição.

– Ótimo! – tornou o chefe, satisfeito – Que bom que pense dessa forma, isso chama-se humildade. E ninguém espera que seja "modelo de perfeição", você pode não ser tudo que expressa nas letras, mas acredita no que escreve, no que transmite. E o melhor de tudo: quem o lê tira algum proveito para a vida, é isso que importa.

O articulista levantou o olhar, pensativo, e o editor prosseguiu:

– Não importa o que você seja. O importante é que de alguma forma e indiretamente, está fazendo o bem às pessoas com seus textos, artigos e mensagens, não com o que você é ou tem, sim com o que acredita e acha ser correto.

25

Entes queridos

Um grupo conversava entre si sobre o porquê de alguém que só fazia o bem ao semelhante ter deixado a existência repentinamente, enquanto outras que promovem a desordem e fazem maldades continuam vivendo como se os problemas da vida não os atingissem.

– Enganam-se vocês que pensam assim – disse uma senhora, de voz mansa – Para quem crê em Deus e na vida espiritual, somente o corpo morre, a alma continua vivendo em outra Esfera. Os bons precisam ir antes, porém isso não significa que os maus continuam vivendo tranquilamente. Isso é uma ilusão, porque a lei de Deus não falha nem se engana.

– E por que razão são tiradas do nosso convívio as pessoas que mais amamos e que estão sendo úteis ao seu semelhante?

Questionou um senhor, inconformado com o que já presenciara.

– Quem somos nós para questionarmos os desígnios Divinos, meu irmão! – respondeu a senhora, resignada. – Oremos por aqueles que partiram no tempo ou fora dele, deixando saudades e, confiemos no Pai Eterno, pois Ele não nos deixa órfãos da Sua proteção. Não nos esqueçamos que sempre haverá outras pessoas com tarefas específicas ou idênticas ajudando, instruindo e confortando os necessitados, em nome de Dele.

– E quanto aos maus que permanecem na Terra, insistirão em suas maldades sem receberem castigo?

– Deixe-os, pois não tardarão para sofrer *onde há dores e ranger de dentes* como asseverou Jesus.

26

Acontecimentos necessários

Dedicado e operoso jovem desanimara da sua religiosidade, dentro da crença a que pertencia.

Assim como é de acontecer a muitas pessoas, sua vida fora marcada por algumas dificuldades, até então inusitadas para ele, porque de acordo com sua índole, achava-se injustiçado pelo que lhe ocorria.

Era uma pessoa honesta, boa, justa e amiga, no entanto era sempre surpreendido pela desonestidade, astúcia e traição por parte de algumas pessoas. Seus relacionamentos na área do sentimento acabavam sempre da mesma maneira. O desprezo, a indiferença e o desrespeito pareciam fazer parte da sua vida.

– Por que, meu Deus – indagava em suas preces – que essas coisas parecem acontecer só comigo? Eu procuro ser uma pessoa do bem, correta e acredito não fazer nada para merecer isso.

Estava arrasado, a sorte parecia não sorrir para ele e a solidão era a causa da sua tristeza profunda.

Em um de seus sonhos foi visitado por seu avô paterno, o qual já o havia precedido para o outro lado da vida há quinze anos, dizendo-lhe:

– Filho. Não descreia da vida, do bem, enfim, da consciência tranqüila. É necessário que passe por esses acontecimentos, embora lhe pareça injusto. Contudo, acredite sempre em Deus e não desanime na estrada do bem. Um dia, isso tudo irá passar e você entenderá o porquê de ter experimentado tais coisas. Aproveite a oportunidade para crescer e estar acima das asperezas que o visitam, não as condene, e sim tire uma lição de cada uma delas e será feliz.

Alimento para a alma

A tristeza contínua a fazia experimentar a sensação desagradável de não haver mais motivos para continuar vivendo.

– Qual ou quais os motivos para essa depressão?

Perguntou-lhe o religioso com quem fora buscar orientação e conforto.

– Não sei. Sinto um imenso vazio na alma e nada parece preenchê-la.

– Tem orado, meditado, procurado o amparo divino para alegrar-lhe o espírito? – interrogou o religioso, calmamente.

– Às vezes sim, outras não. Ando um pouco descrente de tudo...

Respondeu ela taciturna, conquanto à espera de uma luz.

– Falta-lhe alguma coisa: casa, família, trabalho, alimento, roupa ou amigos?

Tornou o religioso, compreensivo.

– Não, senhor. Não nada disso tem me faltado.

– Então, o primeiro passo para você recobrar o ânimo é amar-se mais, ter força e determinação, e também dedicar-se a fazer algo por alguém que não tenha um terço do que você possui. Olhe ao redor e não apenas para si mesma. Você possui muita coisa, o que está lhe faltando para ser feliz, é fazer algo pela felicidade alheia. Isso se chama: Alimento para a alma.

– Realmente sinto que preciso me alimentar espiritualmente, encontrar algum objetivo maior do que aqueles que o mundo nos oferece, mas não representam a felicidade, o bem-estar íntimo, a paz real.

A verdade sempre aparece

Após ser informado da sua demissão, responsabilizado por algo que não fez, o operário, se sentiu injustiçado, embora as evidências estivessem contra ele.

– Isso não é justo, não posso ser dispensado das minhas funções por algo que não cometi, justamente agora que iria se promovido.

– Acalme-se. Se você não deve não tem com que se preocupar.

Disse-lhe o chefe.

– Como não? – tornou ele indignado – Eu fui usado, enganado e traído. Há quanto tempo ansiava subir de cargo!

O funcionário acreditava que nada mais poderia ser feito e a dor era maior porque sabia que estava sendo acusado injustamente.

Como a falsidade não resiste ao menor impacto, e a verdade sempre se sobressai, quem havia lhe traído acabou por cair em contradição, evidenciando que o futuro demitido nada devia, não era o responsável pelo que lhe acusavam, sim fora vítima de uma trama de inveja e pequenez de quem um dia ele confiou.

Com os fatos esclarecidos, ele ganhara novamente a confiança dos seus superiores e fora promovido como estava previsto anteriormente.

E em seu novo cargo, cargo este de confiança, sempre que alguém era acusado de erros ele procurava investigar calmamente, antes de tomar qualquer decisão, para não tomar nenhuma atitude precipitada e, por conseqüência injusta, porque a verdade sempre aparece.

Aprendeu com a própria experiência de que a realidade pode ser bem diferente da que alguns apresentam.

29

Perseverança no bem

Um jovem discípulo solicitou ao seu mestre uma conversa em particular, dizendo-lhe:

– Mestre. Não posso mais continuar seguindo-o, pois me sinto indigno de tudo que tem me ensinado de vez que minhas atitudes não são condizentes com os seus nobres ensinamentos.

O mestre olhou-o nos olhos, deixou que falasse, que abrisse seu coração e depois de ouvi-lo, falou-lhe com serenidade:

– Você acredita que o que tem aprendido seja realmente algo de bom, relevante?

– Sim. Acredito muito nessa filosofia, – respondeu o discípulo – ela tem me esclarecido e me ensinado muita coisa.

– Muito bem! Há uma diferença entre o aprendizado e a prática: Quem mostra boa vontade em aprender, mas ainda não se ateve à disciplina, encontra resistência à renovação, é uma pedra de valor que, no entanto, precisa ser lapidada, porque um dia o seu brilho aparecerá. Quem não se interessa pela filosofia, pelo aprimoramento interior, e nem demonstra desejo em se modificar ainda está na fase da pedra que não adianta nem lapidar, porque ainda não mostra o seu real valor.

Os olhos do discípulo ficaram marejados, entendendo o que ouvira do mestre; e ele prosseguiu:

– Meu filho, não desista de renovar-se, de conhecer e desejar o que é bom. A renovação é tarefa para toda a existência e não somente para um dia. Peço que continue, mesmo não sendo ainda tudo que deveria e gostaria de se tornar.

Amor com firmeza

Conta-se que os pais de um adolescente procuraram um profissional na área do comportamento humano para ter uma orientação quanto a psicologia a ser adotada por eles para com o filho, uma vez que este havia ultrapassado todos os limites.

Argumentavam que haviam dado tudo que podiam a ele, porém não compreendiam a razão de ele estar agindo da forma como vinha sendo.

Depois de ouvi-los atentamente o orientador disse-lhes:

– De fato vocês parecem ter dado "tudo" ao seu filho. Só se esqueceram de empregar o amor com firmeza. Aí é que está o erro, a ausência de limites e o mimo disfarçado de amor, carinho e atenção acabam por interferir na formação dos filhos.

– Quer dizer que erramos ao lhe dar muito amor e carinho? – perguntou a mãe, com uma ponta de ironia.

– Não é bem assim – tornou o orientador. – É indispensável dar carinho, mas também é importante saber dizer não aos filhos, desde a tenra idade. Amar com firmeza, e firmeza não é agressividade nem violência, sim impor limites, estabelecer regras, dar exemplos de que os pais amam os filhos, porém, os filhos não devem com isso pensar que podem tudo.

O casal ficou pensativo, conscientes de que amar os filhos não é dizer sim para todas as suas vontades, nem fazer vista grossa às coisas erradas que possam vir a fazer. O não e a firmeza também fazem parte da educação e do amor.

31

Neutralidade

Diante do incômodo convívio com aqueles que lhe causaram mal, ela se perguntava como iria fazer para neutralizar a corrente negativa dos pensamentos dos quais se via alvo, tamanha a sua sensibilidade em captar tais correntes de energia.

Sentia-se muito mal ao se deparar com as pessoas as quais não odiava, mas não tinha nenhuma afinidade com elas, muito menos aprovava determinadas atitudes e o caráter delas, muito embora as respeitasse.

Alguém mais espiritualizado e experiente aconselhou-a:

– Neutralize as energias de baixo padrão vibratório, que tais pessoas mesmo sem se aperceberem deixam no ar.

– Como farei isso? – perguntou a moça, interessada.

– Ore, vigie e tenha fé em Deus e não deixe de acreditar em sua força interna. Não sinta ódio, nem deseje mal algum porque o ódio é um líquido viscoso no qual os infelizes se chafurdam e por vezes escorregam e a queda é mais do que provável.

– Devo me manter confiante e segura para rechaçar tais energias?

– Sim, não tenha dúvidas disso. Defenda-se sem revidar nem pensar mal. Conserve-se dentro da faixa de equilíbrio mental, emocional e espiritual que somente você poderá desenvolver dentro e fora de si, e nada nem pessoa alguma conseguirá afetá-la. Você está acima de tudo isso, não aceite passivamente aquilo que não quer para si, muito menos energias negativas.

# Vigilância

Ele parou de remar e apoiou a cabeça no banco do barco, deixando que a correnteza, embora aparentemente tranqüila, conduzisse a pequena embarcação.

Porém, naquele curto período de descanso ele adormeceu. O seu breve relaxamento se transformou em displicência, pondo em risco a vida.

E o pequeno barco foi sendo levado rio abaixo até atingir um ponto, onde a correnteza se tornou mais intensa. Quando despertou do sono viu que estava descendo rapidamente pela parte mais larga do rio e nem mesmo com o remo conseguiria controlar o barco e alcançar uma das margens.

A menos de trezentos metros, presumíveis, estava à sua frente uma enorme cachoeira. O seu descuido e imprudência levaram-no aquela situação, que parecia não ter mais nada a fazer.

Assim são algumas pessoas, descuidam-se da embarcação da vida, passando a viver como que adormecidas, perdendo-se na direção do existir vivendo como folhas ao vento. Quando despertam não há mais tempo para pegar no leme e dar um novo curso a ela, passando a viver um pesadelo, quando poderiam estar vivendo um sonho de boas venturas.

– È necessário ser vigilante no mar da vida. Uma vez perdido o curso se torna difícil encontrar de imediato o rumo certo.

Assim diria o navegador previdente e sensato.

Com esse pensamento devemos trafegar no oceano existencial, para que nossa jornada seja segura e aproveitável.

33

Sua fé

Duas pessoas discutiam entre si em tom acalorado sobre a religião que professavam. Cada qual querendo provar que a dela era a mais importante e bem vista aos olhos de Deus.

Uma terceira pessoa interveio procurando amenizar o tom da conversa, que de religiosidade não tinha nada, mas onde sobrava orgulho, falso saber, desrespeito e intolerância.

– Me desculpem a intromissão, mas em matéria de religião não devemos fazer competição para saber qual é a melhor ou em qual delas Deus estaria mais presente.

Ambas se entreolharam surpresas, deixando que a interlocutora falasse, com a calma e serenidade que lhe era peculiar:

– Meditemos um pouco: Cristo não pregou religião, melhor dizendo, a única religião que pregou foi o AMOR.

"Quando Ele disse a Pedro que sobre uma pedra edificaria Sua igreja, estava se referindo igualmente à vivência e a propagação desse mesmo amor, do Seu exemplo de amor. Os homens inventaram as religiões, talvez para "disputarem" entre si a "posse" do Divino Senhor.

"Todas as religiões são boas se tiverem como propósito sincero a melhoria do homem, no mundo. Por isso saibamos antes de tudo amar a Deus em espírito, sem fazer concorrência."

As duas continuavam ouvindo-a, atentamente, e o diálogo prosseguiu:

– Religiosidade é uma coisa; religiosismo é outra. Ao chegarmos à vida espiritual Deus não irá nos perguntar se estávamos dentro deste ou daquele núcleo da fé, sim pelo amor e elevação adquiridos no reino da alma, independente da forma com que procuramos servi-Lo.

Oportunidade e garra

Quando lhe ofereceram uma nova oportunidade, ele que há tempos andava de porta em porta na esperança de encontrar um trabalho, os seus familiares não acreditaram que ele seria capaz de desempenhar as tarefas expostas, totalmente diferentes de tudo que já havia feito na vida.

– Eu conseguirei. Se me foi concedida esta oportunidade é porque eu posso fazê-lo - afirmava a si mesmo.

Sem valorizar a vacilação, tão comum as pessoas que se vêm incursas em situações antes não vividas, aquele determinado e esperançoso trabalhador a cada semana superava as expectativas, principalmente daqueles que acreditavam no seu fracasso.

Exceto ele e seu novo patrão, ninguém mais lhe dava crédito, mas para ele mais do que suficiente.

Lutou, persistiu, foi ridicularizado, humilhado, por fim venceu. Entrou para a faculdade e no segundo ano do curso, recebeu uma promoção na empresa.

Alguns colegas mais antigos de casa deixaram o emprego, ele porém, continuou porque acreditou em si e não no que lhe diziam os outros. Não parou de aprender, aproveitou a chance que recebera e provou a todos que a capacidade está no indivíduo e não na opinião alheia.

Ele só precisava de uma oportunidade, de acreditar em si próprio, superar as dificuldades e ter a coragem e o ânimo para ir além e vencer suas limitações.

Acreditar em si, embora os outros duvidassem das suas possibilidades.

35

Reflexo das atitudes

– Não fique desapontada pela triste descoberta. Aconselhou a irmã, notando sua decepção.

– Jamais imaginei que pessoas do nosso convívio, que se sentaram à mesa conosco fossem capazes disso...

Respondeu ela visivelmente abalada.

– Perdoe e siga em frente, não sofra mais ao pensar nessas pessoas ou no que fizeram.

– Eu não quero mais conviver com essas pessoas. – disse ela, algo inconsolável.

– Tudo bem! Nem é preciso fazer isso. No entanto deve manter mente e coração limpos. Não os manche por causa deles, com a nódoa que outros criaram... Não se permita abalar, existem outras pessoas e amigos sinceros com quem pode contar. Você não está sozinha.

– Você tem razão – respondeu ela mais animada – Não vale a pena viver com mágoa, isso só me fará mal. Por outro lado, conviver entre tais pessoas é algo que meu coração não aprova.

– Claro, não se preocupe – tornou sua irmã – Deus entende e jamais lhe pediria para fazer algo que sua consciência não aprove. Ele só espera que não sinta ódio, mágoa ou desejo de vingança, e essas coisas não têm nada a ver com esquecimento. Você tem o direito de escolher suas companhias e de não fazer o que o seu coração não deseja. Amor, simpatia e afinidade são sentimentos que nascem naturalmente, ninguém pode impô-los, no entanto, em qualquer circunstância temos o dever de respeitar a todos, indistintamente.

36

Sensibilidade

Inconformado com a situação em que, às vezes, se via envolvido, por se sentir mal ao adentrar em determinados lugares, ele foi buscar respostas com alguém experimentado no assunto.

– O espírito humano é dotado de uma sensibilidade sutil, ainda pouco compreendida pela grande maioria.

Disse o orientador.

– E como levantarei barreira a esta sensibilidade? – perguntou, querendo saber como bloqueá-la.

– O que Deus deu ao ser humano, só Ele pode tirar – tornou o orientador –, essa sensibilidade de sentir, ouvir, conhecer e ver o que outros não vêem, faz parte do patrimônio da alma. Foi o próprio Deus que a concedeu.

Dê a ela o nome que quiser: Poder do espírito santo; mediunidade, canalização ou simplesmente sensibilidade, é a mesma força e energia vivenciada pelo homem, outorgada pelo Criador.

– E o que tenho de fazer quando sentir este mal estar, ao entrar em um ambiente ou quando uma pessoa estiver negativa e se aproximar de mim?

– Primeiramente, mantenha a calma e ore, elevando seu pensamento a Jesus e ao seu anjo Guardião. Domine o ambiente, não seja por ele dominado. As más energias ou vibrações existem, mas você consegue bloqueá-las se for firme e tiver fé. A sua sensibilidade pode captar tanto as coisas boas quanto as más, separe o joio do trigo, e só aceite o que for bom para você e para seu próximo.

– Quer dizer que não devo bloqueá-la?

– Não. Deve sim estudá-la, educá-la e aprimorá-la, sem receio e preconceitos.

37

Filhos e pais

Compreendendo a necessidade do retorno, o filho que há tempos se ausentara do lar, retornou com o propósito de ajudar os pais.

Deixou o seu trabalho, estudos e ideais para cuidar daqueles que foram os intermediários da sua vinda ao mundo.

No entanto, diante de todo esforço e amor que lhes devota, os seus pais, após algumas semanas do seu retorno, passaram a tratá-lo da mesma forma como o tratavam antes de ir embora.

O tempo foi passando e o ambiente doméstico cada vez mais sufocante. Não sabia o porquê, mas o casal não colaborava em nada para conservar a paz em família, implicando a cada momento com o rapaz.

E a situação se tornara insustentável. Até que um parente próximo o surpreendeu chorando e já inteirado do motivo, o confortou:

– Meu filho. Deveria ter ficado onde estava; trabalhando, estudando e depois constituir família. Tocar sua vida. Para auxiliar seus pais não se faz necessário abdicar da sua vida pessoal. Eles estão bem, você que não ficará melhor se permanecer aqui.

O rapaz ouvia-o atentamente, condescendendo com suas palavras:

– Ame-os, ajude-os, visite-os, mas volte à sua vida, não se prenda à chantagem sentimental. Siga seu coração, deixe que ele o guie. Amor não é apego, nem humilhação. Vá! Seus pais têm a vida deles, tem um ao outro, e você precisa ter a sua vida. Vá sem medo, sem pesar, sem cobranças. Eles o colocaram no mundo, criaram, educaram, mas você não precisa parar sua vida por causa disso, nem viver sob constante desrespeito e tensão.

38

O trabalho da humildade

Jubilosos com a conquista de mais um prêmio, o grupo de jovens amigos decidiu que parte do que ganharam seria dedicado à uma causa nobre, porque nobre era o trabalho que vinham desenvolvendo na faculdade, demonstração de que ainda seriam bons cientistas.

Um outro grupo que estava mais interessado em fazer competição acadêmica, movido pela inveja, tentou ridicularizá-los, querendo tornar público o que queriam manter com discrição: a doação que fariam.

– Não desejamos fazer campanha sobre nossa decisão em doar parte do prêmio – disse um dos componentes àqueles que os tinham na conta de rivais.

– O que tem isso, assim vocês ficarão mais famosos e quem sabe ganhem todos os prêmios de pesquisa – ironizou alguém do outro grupo.

– Meu amigo! Não precisamos de subterfúgios para termos nossas pesquisas reconhecidas. Deus nos deu inteligência, habilidade, talento e humildade, não desejamos fazer "política" em cima da necessidade alheia.

Todos ficaram ouvindo-o, sem nada responder, e ele continuou:

– Aliás, estudamos com afinco para que um dia possamos ser úteis à sociedade, sem com isso fazer alarde ou ficar em busca de prestígio e fama. Estas são fases circunstanciais e devem acontecer naturalmente. Somos acadêmicos e não artistas; seremos os futuros cientistas por vocação e não por distração.

Riscos e vitórias

Todo aquele que tem medo de enfrentar riscos precisa ter em mente que só existem duas possibilidades diante do enfrentamento: Vencer ou fracassar. Pense nessas possibilidades.

O pescador que se aventura em alto mar, correndo riscos, vai em busca de peixes maiores porque estes não vêm à beira da praia.

O vendedor que sai à rua batendo de porta em porta corre riscos de receber muitos *não*; porém leva com ele a esperança de vender ao menos um produto ao fim do dia.

A cautela aliada ao discernimento é o corrimão daqueles que procuram subir os degraus dos seus sonhos, sem, entretanto, temerem os lances de escada que terão de vencer.

O corrimão é seu anteparo, em caso de se desequilibrarem.

Os alpinistas, que se aventuram a subir uma montanha gelada, sabem dos riscos que correm, mas a determinação e a coragem, aliadas ao instinto de sobrevivência, os ajudam a superar até mesmo os próprios limites.

O medo pode ser um fator positivo em determinadas circunstâncias, porém, em outras ele deixa nas pessoas algumas limitações.

Um empreendedor convidou o amigo para abrir um negócio, este último temendo investir, arriscando suas economias, recusou. O empreendedor arranjou outro sócio e a pequena empresa prosperou. E o convidado continuou no seu humilde ofício, vendo o amigo crescer com o empreendimento.

Para chegar à vitória, às vezes é preciso atravessar o caminho dos riscos.

40

Bom ânimo

Diante das dificuldades que a vida lhe impunha, ele dizia estar desanimado por não ver mudanças expressivas, face o momento que vinha atravessando.

– Não se entregue facilmente – encorajou-o alguém – Os problemas são como rolo compressor; se parar diante dele, ele passa por cima.

E ele parou para ouvir os exemplos que se sucediam um ao outro.

– Ouça! Se na *natureza tudo se transforma*, na vida não é diferente. Até mesmo as dunas de areia mudam de lugar, no vai e vem dos ventos. A lagarta que se encerra no casulo se transmuta em uma delicada e linda borboleta. E o que por ora parece ser um mal, logo adiante perceberá que do que lhe aconteceu pôde tirar lições preciosas de crescimento, tolerância e fé.

– Isso significa que é assim que devo encarar as dificuldades, como meios de aprendizado e crescimento?

Interrompeu-o, surpreso com os exemplos.

– Sem dúvida. Não as veja tão somente como problemas, sim como fator de elevação e experiência. Os problemas não devem ser vistos com lentes de aumento, sim como diminutas ocasiões de prova. Tire proveito das dificuldades, assim a fase crítica passará mais depressa e, esteja sempre de bom ânimo, não importa quais forem as circunstâncias.

– Você está certíssimo – concordou ele, mais animado – O ânimo realmente é o combustível que alimenta a chama da fé, e a esperança é a força salutar na criação de dias melhores.

– Isso mesmo, amigo! É assim que se pensa.

41

Suicídio! Ninguém morre

Há tempos que venho sentindo fortíssimas dores de cabeça. Vivo um pesadelo sem fim. Parece até que entrei num país desconhecido, nada comparável aos existentes.

Vejo criaturas disformes, pessoas desfiguradas. Parecem ter perdido a própria identidade, tamanha a perturbação... Mas, eu também me sinto um pouco assim; parece que fui transportado ao inferno descrito por Dante Alighieri. O lugar é horrível: todo escuridão, frio e pavor.

A dor de cabeça ainda é enorme, quase insuportável, como se fosse explodir.

Não sei por quanto tempo mais vou agüentar. Sofro, sofro muito e os demais que aqui estão também.

Mas eu não entendo: eu ainda consigo pensar, os outros, porém, nem tanto... Aparentemente parecem alienados que se arrastam sobre a lama fétida.

Meu Deus! Onde estou? Por que razão eu sinto o mesmo pesar de outrora, embora o sofrimento tenha aumentado? Como posso sentir tudo isso, afinal de contas eu não me matei? Sim, sim eu tirei a própria vida! Sim, sim, eu me suicidei. Então por que não morri? Tudo não se acaba com a morte?

Tenho em minhas visões um corpo estirado ao chão, no escuro de um quarto. Oh, Deus! Sou eu, é o meu corpo que ali está, outrora com vida, mas a vida não se extinguiu com o disparo.

Eu vivo, vivo fora do corpo, e eu que pensei que era tão somente um amontoado de carne e ossos. Eu ouço muitos rirem de mim, acusando-me de covarde suicida. Sim, é verdade! É isso que eu sou: um covarde suicida.

Porém, se foi o meu corpo que morreu, por que me sinto tão ligado a ele? Por que sinto os vermes como se estivessem me devorando, eu que agora vivo em espírito, sem o corpo carnal?

Senhor. Ajuda-me! E perdoa-me pelo crime praticado contra a própria vida, contra Sua Lei.

Quando assim falei, sentidamente, aos poucos fui envolvido por uma luz azulinea acompanhada de uma voz amiga... Fui adormecendo... Adormecendo...

Não sei dizer quanto tempo lá permaneci entre dores físicas e morais, com frio, fome e sede, realmente não posso precisar. Só sei que antes de ser socorrido, o sofrimento que achava demais para mim na Terra, teve sua carga aumentada, acompanhando-me de tantas outras dores e decepções, jamais imagináveis.

Apenas posso dizer que não adianta querer morrer, forçando uma situação... A morte não existe para a alma. Mata-se o corpo, jamais o espírito que o anima.

A frustração e o sofrimento são enormes.

Entregue a Deus, e jamais pense nisso.

Não deseje morrer, espere, pois um dia todos partirão, no entanto, a decisão deve partir de Deus, o Senhor da vida.

O nosso corpo, bem como as demais coisas que usufruímos no mundo, é apenas um empréstimo do qual devemos cuidar, e respeitá-lo, sem violentá-lo.

Não se mate! Viva! Porque se você "se matar" continuará vivendo em espírito, e só Deus sabe de que maneira...

Então, é melhor esperar por Ele, o Criador da vida.

Pense nisso.

CRER EM DEUS É CRER NA ESPIRITUALIDADE. CRER NA ESPIRITUALIDADE É SABER QUE A VIDA NÃO SE RESUME SOMENTE À TERRA.

O melhor exemplo

Existem indivíduos que gostam de mostrar o que praticam de bem ao seu semelhante, esquecendo que as boas obras devem ser discretas.

Determinada pessoa comentava a respeito do que realizava a benefício de alguém, ressaltando a importância, não da ação, mas de si mesma em relação ao que havia feito ou estava fazendo.

As ofertas amoedadas, as cestas de alimentos com que felicitava os mais humildes, as preces em favor dos deprimidos, enfim, um sem número de ações, embora boas e apreciáveis, perdiam o valor pessoal por não serem feitas, discretamente.

Certa vez criticou duramente um companheiro que jamais aceitara participar dos seus atos "caridosos", como ela mesma fazia questão de dizer.

No entanto, quando a vida se encerrou na matéria para ambos, ela que acreditava merecedora do reino dos céus, se viu bem abaixo daquele a quem criticava.

– Como pode ser isso? – inquiriu ao anjo que os amparava – Eu que fiz tantas coisas boas ao próximo e me encontro abaixo dele que nem sequer mostrou interesse em me ajudar nas obras de caridade!

O anjo então lhe respondeu:

– De fato a senhora teve muitas atitudes caritativas. Embora algumas pessoas tenham se valido do que fez, isto não a credencia para subir mais alto. O valor do que fez poderia ter sido maior se não o tivesse feito com vaidade. Na verdade não o fez para os outros, fez para si mesma, para satisfazer o seu ego.

Novo Caminho

Existe um novo roteiro, um caminho diferente daquele que segue, porque sempre existiu e sempre existirão coisas novas...

– Você deve ter coragem e visão para percorrer novos rumos.

Disse o mestre Samurai ao filho que ingressara a pouco nas artes militares.

– E abandonar tudo aquilo pelo qual acreditei e lutei até hoje? – perquiriu o aprendiz, com humildade.

– Não disse isto – tornou o Samurai – Disse que precisa olhar para frente e reconhecer o que o destino lhe aponta, sem com isso abandonar o que até então vem fazendo. Não fique restrito a uma única coisa somente, a pretexto de fidelidade e segurança, porque a vida lhe oferece outras oportunidades, basta querer enxergá-las, senti-las e intuí-las.

– Isso significa que devo explorar outro caminho, desbravar as matas do aprendizado para ver um novo horizonte?

Perguntou curioso o discípulo.

– Exato. Não permaneça parado focando apenas o que está no meio do rio, será melhor que siga o curso da correnteza, para descobrir novas paisagens, novas oportunidades e belezas. Nem tudo que desejamos será realmente o que o destino traçou para nós ou que a Divina Sabedoria espera que façamos. As experiências são válidas, ainda assim não substituem a missão que cada um tem a cumprir neste mundo.

– Compreendi – disse ele, pensativo – Eu irei prestar mais atenção no que a vida está me dizendo e no que ela deseja de mim.

44

Mente sã

Não são poucos os problemas de saúde que têm sua origem nos desequilíbrios ou excessos da mente humana.

Como era de costume, ele passava parte do tempo intoxicando-se com pensamentos inferiores, atraindo para si energias negativas as quais se alojavam em alguns pontos do seu organismo.

Com o passar do tempo surgiram sintomas em formas de doenças e distúrbios.

– A mente é a geratriz tanto das coisas boas como das ruins, conserve somente as boas, eliminando as demais.

Este foi o primeiro "medicamento" que o médico lhe prescreveu.

– A frase: *Mente sã, corpo são*", é a síntese do equilíbrio, da saúde, da paz e da felicidade, dessa forma é mais fácil bem viver para viver bem.

– Minha mente é muito deseducada, doutor. Não tenho conseguido frear os instintos do homem velho para que o novo renasça.

– Eduque-a, pouco a pouco – continuou o médico – E jamais diga *não consigo*, se quiser realmente você pode fazer isso e muito mais. O corpo adoece, muitas vezes, porque as células adoecem com as energias negativas nascidas e sustentadas no nascedouro: a mente. Mude a sua maneira de pensar e tudo irá melhorar. Acredite amigo, em si mesmo, confie na força que jaz latente dentro de você, deixe-a aparecer.

– Pois é tenho sido fraco.

Respondeu ele decepcionado consigo.

– Não afirme isso. Fraco não, você só tem sido inexperiente, e quando quiser poderá mudar.

45

Autodefesa

Aproveitando-se da boa vontade alheia, existem indivíduos que gostam de dominar, ofender, humilhar e até agredir. E quando a pessoas agem para defender os seus direitos, exigindo respeito e consideração, tais aproveitadores, argumentam:

– Este que é seu senso de espiritualidade, de religiosidade, de cristão?

Ser cristão não é ser um cordeirinho que se deixa levar para o matadouro; não é ser esbofeteado na face várias vezes ou ser ofendido tantas outras pelas mesmas pessoas, passivamente.

Quando alguém age de forma mais firme os ofensores logo apelam para a vida espiritual, moral ou religiosa do ofendido, ironizando e pondo em dúvida a sua conduta.

– Vivência espiritual não é ser conivente com as faltas de terceiros – disse o pai aos seus filhos. – É preciso fazer valer o autovalor, o auto-respeito.

– Quer dizer que devemos reagir às ofensas ou agressões? – indagou um dos jovens.

– Reagir não é bem a palavra, mas agir, de forma mais firme com quem lhe desrespeita, sem perder a educação, sem ofensas, sem pôr mais carvão na caldeira. Quando Jesus disse para amar os inimigos não foi no sentido de conviver com eles, como se fossem seus amigos. Sim, no sentido de não vingar, de não odiá-los, de não aceitar deles aquilo que nos fere moral e fisicamente. Ser espiritualizado não é ser passivo e deixar que façam conosco o que não aprovamos.

Em suma a nossa autodefesa está no modo como agimos e não como reagimos.

46

O que é moral?

Durante todo o curso da vida ouvimos muitos falarem sobre moral, mas deixam a desejar com o desenvolvimento desta em si mesmos.

Certo rapaz passava próximo a um senhor com um pouco mais de sessenta anos e o ouviu responder com palavras ásperas um grupo de pessoas que zombavam dele, por causa de sua aparência.

O rapaz sem saber ao certo o motivo de tudo aquilo se apressou em criticar o velho maltrapilho, dizendo que o que ele dizia era imoral. O velho a seu modo, apesar das palavras, estava apenas se defendendo, porque o que desejava era simplesmente ser respeitado.

– O que é imoral? – perguntou ao rapaz uma das pessoas que passava por ali.

– Este senhor está sendo imoral ao responder as pessoas com tais palavras, só porque estão brincando com ele.

– Desculpe-me, mas você está errado. – retrucou o interlocutor – Imoral não é se defender, embora o dito popular diga que os meios não justifiquem os fins. Imoral é rir da desgraça alheia; colocar-se acima dos outros por causa das aparências, do dinheiro ou do poder, é faltar com o respeito e provocar quem está quieto. **À maneira dele**, este pobre homem defende-se das agressões verbais, das quais não tem necessidade de ouvi-las. Imoral é usar de arrogância e prepotência ferindo assim o moral do semelhante, apelando para métodos, palavras e atitudes que ferem e magoam.

47

Honrar oportunidades

Dedicado e operoso cidadão despendia parte do seu tempo para cuidar de crianças órfãs de pais, família e dignidade de vida. Por este gesto de desprendimento e fraternidade, dedicando-se à causa do bem comum, muitas crianças ao crescerem tiveram uma chance na vida, seguindo pelo caminho do bem.

Poucas tomaram outro rumo quando a maior idade chegou, perdendo-se nos pântanos escuros dos sonhos de enriquecimento fácil.

Isso prova que mesmo influenciando algumas almas para promover o bem de si mesmas, outras se enveredaram por caminhos tortuosos.

Temos responsabilidade pela influência que exercemos sobre as pessoas, tanto para o bem quanto para o mal. Entretanto, muitas outras, de espírito fraco e ambicioso desviam-se das boas lições do começo.

Este cidadão comum se entristecia quando isso ocorria, porque a todos via como seus filhos.

– Não fique assim, não se culpe – confortou-lhe a irmã – Você fez o que pôde, quanto ao caminho a seguir depende da livre escolha de cada um.

– Continuarei rezando pelos desvirtuados para que um dia consigam voltar ao caminho da luz – dizia ele, esperançoso.

Moral da história: Será sempre bom honrar aqueles que desejam nosso bem tendo por base seus sacrifícios, sua esperança, dedicação e amor por nós.

O maior investimento no ser humano, começa desde o berço, com as crianças.

48

Experiências

O conto a seguir relata a história de Anacleta, que levava uma vida de excessos, afastando-se dessa forma, da missão que Deus lhe conferira antes mesmo de vir ao mundo.

Moça bonita, inteligente e carismática dedicara parte da vida aos estudos e coisas relacionadas às causas transcendentes, pelas quais trilhara mas vindo mais tarde a se decepcionar.

Achava que a solidão, as dificuldades materiais, os relacionamentos frustrados eram movidos pelo seu isolamento, dentro da causa que havia abraçado, ainda na juventude.

Dedicou-se tanto, mas depois se decepcionou. E assim decidiu quebrar a redoma de vidro na qual se isolara, esquecendo de viver a própria vida como as demais pessoas.

— Para ser espiritualizada não há necessidade de renunciar a vida em sociedade – aconselhou seu pai – Aliás, essa é a nossa escola, onde nos colocamos à prova.

— Sim, papai. Agora compreendo com maior clareza. Antes eu estava bitolada e isolada em meu mundo. Vejo que para a comunhão com Deus, não se faz preciso deixar de levar uma vida normal...

— Isso mesmo, filha! Porém, com o intuito de viver a vida não se entregue aos excessos, não desvie-se da conduta reta, equilibrada. Revolta não contribui em nada, e o tempo em que se empenhou às causas transcendentais não foi em vão, você aprendeu muitas coisas que irão lhe servir. Nada melhor do que adquirir experiências e aprender com elas.

49

Paradas improfícuas

Diversas vezes ele era compelido a reiniciar suas atividades, porque muitas outras vezes ele as havia interrompido, toldado pelo desânimo gerado pela falta de oportunidades.

Quando retornava ao seu trabalho era porque uma força misteriosa o encorajava, dando-lhe novo ânimo e esperança, como se estivesse dizendo: **Recomece e persevere até o fim**.

Era como se o sol ressurgisse entre as nuvens da insatisfação pessoal, aquecendo novamente suas esperanças, impulsionando-o ao recomeço, mesmo que a passos lentos. Antes assim, pior seria permanecer estagnado pelo desânimo, pela falta de fé e confiança em si mesmo e em seu trabalho.

Dizia a si próprio:

– Preciso me concentrar em meus ideais, persistir neles sem paradas desnecessárias. Quem está em busca de um objetivo ou quer levar adiante seus compromissos, não deve perder tempo com queixas, desalento e baixa estima.

– Essa é a postura correta que deve adotar sempre – incentivou a esposa. – Não permaneça apenas nas palavras, parta para a ação e dê seqüência às coisas em que acredita. As suas paradas não deixam de ser oportunas, mas isso só para tomar novo fôlego, conquanto que não estacione por tempo indeterminado, deixando com esta atitude, as melhores oportunidades escaparem. Nunca deixe de lutar.

– Tem razão, paradas improfícuas não me levarão a lugar algum.

Energia mental

Pessoa alguma consegue permanecer largo tempo ao lado de outra que emite vibrações negativas, seja através do pensamento ou das palavras.

– Uma árvore por mais robusta, ressente-se de um pequenino broto que lhe for arrancado.

"As abelhas jamais colherão o pólen de uma planta carnívora, por mais bela que seja sua flor".

"Os animais de uma mesma espécie não se atreverão a conviver tão de perto com aqueles que são seus predadores naturais".

"Enfim, o que o ser humano carrega no íntimo e exterioriza através dos pensamentos – embora invisíveis – tanto pode ajudá-lo ou atrapalhá-lo, mediante o teor dos sentimentos".

Assim se expressava o professor, expondo aos seus alunos o peso daqueles que vivem sob constante negativismo.

O pensamento e o sentimento não podem ser vistos, mas podem ser sentidos, percebidos por intermédio das energias que emanam. Em outras palavras, seria como se eles se "materializassem".

Mudar tal atmosfera, energias da alma humana é responsabilidade dos próprios indivíduos, se quiserem viver melhor, de forma mais saudável e tranqüila, de forma que outras pessoas se sintam bem em estar ao lado delas.

Energia mental, são forças ainda desconhecidas de muitas pessoas que acreditam ou sentem tão somente as coisas que os olhos podem ver, sem darem valor à sua própria essência espiritual.

51

Recomece do zero

Quase todo aprendiz comete deslizes ao longo do aprendizado.

Os aspirantes ou iniciados nos caminhos do progresso, muitas vezes trazem a mente atordoada, confusa e, travam luta constante com seu próprio mundo íntimo.

Dentro de suas limitações, o candidato à vivência de acordo com as verdades do Evangelho, se via em conflito sem conseguir de imediato empregar tudo quanto estudara e conhecera.

Pensou várias vezes em desistir, contudo um companheiro sempre lhe dizia:

– Não seja tão duro com você. Não é preciso se transformar em tão pouco tempo, mesmo entre recaídas e tropeços, continue, porque o aprendizado dura a existência inteira e nem assim aprendemos tudo.

– Minhas atitudes e palavras nem sempre são correspondentes ao que prego e estudo, embora acredite que este seja o caminho certo.

– Prossiga. Quem atira pedras em sua moral, esconde a própria inferioridade, e prefere atacar a vacilação dos aprendizes sinceros e humildes. Quem condena seus tropeços não sabe o quanto lhe custa se manter firme, de pé. Quem diz estar decepcionado com suas atitudes e desabafos não conhece o significado da frase: Começar do zero. E vive se iludindo, achando-se grande ao dizer que os outros são pequenos. Na intimidade, a vida destes está repleta de culpas, pesos e dívidas maiores que as suas. Parafraseando o Evangelho: É trave nos olhos que só permite ver o argueiro nos olhos alheios.

52

Ser ou não cristão

A fé raciocinada é a associação do sentimento com a razão, portanto, ela é pessoal e intransferível.

– Professor – perguntou o aluno na aula de filosofia –, eu posso seguir duas doutrinas cristãs ao mesmo tempo, de vez que ambas pregam o mesmo ensinamento?

– A religião – respondeu o professor – é apenas um *caminho* a serviço de Deus. Ele não criou a religião, mas instituiu o amor como forma incondicional de estarmos sempre em contato com Ele. O ideal é que siga uma linha de pensamento, sem com isso, fechar os olhos e os ouvidos as demais. *Analisar tudo e reter o que for bom*, parafraseando o apóstolo Paulo. Ser ou não cristão é uma escolha. Gandhi, por exemplo, não era cristão, porém seus pensamentos, ideais e filosofia de vida estavam muito além de alguns que se declaram como tal.

"A religião ou doutrina não define o cristão. Este é que precisa viver consoante os exemplos de Jesus. Não importam os rótulos, o que existe na essência é o que prevalece, ou seja, as atitudes, pensamentos e sentimentos alicerçados no amor.

– Quer dizer que alguém que não segue a doutrina cristã, mas leva uma vida espiritualizada e correta é bem visto aos olhos de Deus?

Perguntou novamente o aluno.

– Isso mesmo. Deus não nos rotula, nós é que achamos que o rótulo faz a diferença. Aqueles que agem dentro dos parâmetros do bem, independente do que acreditam, não deixam de ser do Bem, mesmo sem pertencerem à doutrina cristã.

53

Mudança de pensamento

As dívidas se avolumavam e os recursos ficavam cada vez mais escassos, por conta disso, sua mente parecia não suportar mais diante de tantas preocupações e problemas a vencer.

E foi justamente quando parecia haver chegado ao limite que ele recebeu de um amigo um livro que o ajudou a levantar o moral.

Abriu-o numa página ao acaso e naquele capítulo a mensagem dizia para que pensasse somente no melhor; que imaginasse com fé a realização de seu mais ardente desejo, que a solução viria.

Experimentou durante vários dias, fazendo conforme lera. Afinal o que tinha a perder, caso tudo aquilo não resolvesse?

Com isso desenvolveu o hábito de pensar de maneira diferente: *A não se ver como vítima, nem tão pouco como pessoa incapaz ou escravo das circunstâncias.*

Com o passar do tempo a solução para seus problemas começou a surgir; não encontrou dinheiro milagrosamente, todavia mais trabalho e com maior margem de lucro, muito mais do que estava acostumado a receber.

Por fim as suas pendências de ordem pecuniária se resolveram e os outros problemas também.

Como e por quê? Mudando sua forma de pedir e de ver as coisas, aprendendo a ser mais otimista, deixando de lado o pessimismo, a idéia de derrotismo e estagnação.

Deus criou todos para o progresso e a felicidade. No entanto, para a obtenção de ambos, devemos fazer a parte que nos cabe, ou seja: Ajudarmo-nos que os Céus nos ajudarão.

Persistência

Persistir é atitude daqueles que acreditam em si mesmos e no que estão realizando.

Tomemos como exemplo o artista de circo. Às vezes, o que ele ensaiou durante meses ou anos para apresentar num espetáculo, pode acontecer de não dar certo durante a apresentação.

Embora o constrangimento do momento, ele tenta quantas vezes forem necessárias até acertar, mas não sai de cena sem antes haver cumprido a tarefa pela qual treinou incansavelmente, não se importando com os olhares da platéia.

Uma modelo na passarela também não se deixa vencer pela fatalidade, ao escorregar ou até mesmo cair durante o desfile; simplesmente se levanta, ergue a cabeça e continua como se nada tivesse acontecido. É persistência aliada ao profissionalismo.

Por que não fazer o mesmo diante das dificuldades, diante dos fracassos e decepções, ao invés de baixar o olhar e se dar por vencido?

Tentar somente não basta. É necessário perseverança, firmeza, sem colocar em dúvidas o seu potencial, sem olhar para os lados, muito menos para trás.

Mirar-se em seus objetivos, confiante de que o resultado final será a vitória. Não importa quantas vezes tropece ou caia, porque o que importa não são as quedas, sim o esforço, a garra e a determinação para se manter de pé.

Para caminhar é necessário que fique nesta posição: de pé; e não rastejar com medo de cair novamente, porque a vitória só é conquistada mediante o valor que se dá a si mesmo.

Sorriso x Carranca

O *Sorriso* certa vez perguntou à *Carranca*:
– Por que você não desfaz esta expressão pesada e antipática, e não se junta a mim para formarmos uma dupla: Sorriso e bem estar?

A *Carranca* se surpreendeu com a pergunta e com o convite e, mal humorada, retrucou:
– E por que faria isso? Já nasci assim, esse é o meu jeito de ser, além do mais não gosto de parcerias.

O *Sorriso* muito alegre e simpático, redarguiu:
– Veja só as vantagens de ser como eu: Você viverá melhor e será mais feliz; coisa alguma poderá atingi-la, pois você estará acima dos problemas e oborrecimentos do cotidiano; atrairá a simpatia de todos; será mais agradável e terá mais saúde.

—Isso de nada me servirá – respondeu a *Carranca* – Do jeito como vivo as pessoas pensarão muito antes de me enganar ou querer tirar vantagens sobre mim. E terão mais respeito por mim.

—Você quis dizer que terão mais medo e não respeito, não é mesmo? – tornou o *Sorriso* – Deixe de ser carrancuda, expressão feia e anti-amiga, seja alegria, simpatia. Seja firme sim, mas sem perder o sorriso. Desarme-se para que as coisas boas venham ao seu encontro. Ao contrário de fazer cara feia, sorria. O sorriso atrai, a carranca afasta.

A *Carranca* o olhou de cima a baixo, não se dando por vencida, e o *Sorriso* simplesmente sorriu e continuou na sua...

Prudência

Quando a revolta atingiu o apogeu da infelicidade eles compreenderam de que nada adiantaria se opor aos fatos, ao destino ou às provações, que aceitar sem resistência seria mais sensato e menos desgastante.

– Se tiverem de passar por isso será inútil lutar contra, pois o fardo de provações se tornará mais pesado.

Orientou-os a pessoa à qual foram em busca de conforto espiritual.

– Isso significa que não devemos ao menos lutar? Devemos aceitar tudo como se fossemos escravos das circunstâncias ou provações?

– Não, não! Não é bem assim, o conformismo nunca será sinônimo de humildade, mas de um passo ao derrotismo.

Conformar ou aceitar, não é desistir ou ficar como marionetes nas mãos dos acontecimentos. É esperar o momento certo de agir.

– E como deveremos agir?

– Encarar os fatos de cabeça erguida, sem reclamações, revoltas ou desânimo. Aguardar que o tempo lhes favoreça com a oportunidade para recomeçar de onde haviam parado. Deixem este período passar, nesse meio tempo aproveitem para refletir, avaliar, considerando que estes impositivos podem fazê-los crescer, se souberem aproveitá-los.

– Está dizendo que devemos ter mais prudência, porque o "mal" pode ser um contratempo necessário?

– Exatamente. Será inútil posicionar o barco e remar contra o vento, será prudente esperar, deixar o vento se acalmar ou mudar de posição para depois continuar remando.

Ser prudente, ser razoável.

57

Oportunidade e solução

O filho de um casal de camponeses se ausentou do lar por algumas horas para espairecer, pois os cobradores de impostos haviam deixado sua humilde moradia, dando-lhes o prazo máximo de dois dias para abandonarem a pequena propriedade, uma vez que esta fora confiscada por falta de pagamento dos impostos.

De coração opresso, saiu para caminhar até a estrada que ligava uma cidade à outra, pensando consigo que deveria haver uma saída para que não perdessem a propriedade.

– O que faremos agora?

Perguntou a si mesmo, sob a sombra de uma frondosa árvore. Não demorou muito e a resposta apareceu...

Um pequeno grupo de quatro cavaleiros e duas crianças passava por ali, quando a menina se distanciou por instantes do grupo e seu cavalo saiu em disparada jogando-a ao solo. E bem próximo dela um animal feroz se preparava para dar o bote.

Se não fora a coragem e a rapidez do rapaz que a tudo assistia, ela teria perdido a vida nas garras da fera.

Os homens chegaram rapidamente e preocupados. Agradeceram ao jovem camponês pelo feito, dizendo que o pai da garota iria recompensá-lo pelo ato de bravura, por ter salvado um de seus filhos. Era a filha do rei.

Na presença do monarca que lhe concederia qualquer coisa, o camponês fez o pedido e este fora aceito pelo rei, que devolveu a casa à seus pais, isentando-os por toda vida dos impostos.

Oportunidades e soluções sempre existirão para quem delas se faça merecedor.

Réstia de luz

Os passos inseguros, a incerteza no olhar e as paradas que retardavam sua trajetória não o desestimulavam. Embora tateando no escuro, sabia que em dado momento uma porta iria se abrir, e, mesmo que através de uma pequena fresta, uma réstia de luz iria iluminar o ambiente, mudando sua sorte.

A solidão, a mágoa, a traição e o desprezo embora o ferissem, ele sempre encontrava uma nesga de esperança e força para curar tais feridas.

O destino, talvez, quisesse lhe mostrar algo mais, através desses fatos, tornando-o mais perspicaz, maduro e espiritualizado. Eram lições de vida que atestariam a sua resistência, fidelidade e crescimento pessoal no caminho que a vida lhe reservara.

E, às vezes, entristecido e deprimido não vendo uma saída para seus sofrimentos, ainda assim encontrava ânimo e resignação para pedir:

– Oh, Deus! Dê-me a força e a fé necessária para jamais perder o valor do aprendizado. Porém, mesmo sem saber a causa de tais contrariedades, peço-lhe a paciência e a luz indispensáveis para não me perder em meio a esse emaranhado de aborrecimentos, e que acima de tudo seja feita a Sua vontade.

Persistiu, sustentando-se nesta vibração, numa postura de humildade, garra e resignação.

Para algumas pessoas não importa se a luz brilhe, ofuscante e de imediato para que sejam felizes. Basta uma réstia de luz, recebida com humildade e consolo para seguir adiante fazendo-se merecedores dos holofotes da vitória.

Cônjuges

— Eu não sabia que você era assim... — alegou o marido, contrariado — Antes de nos casarmos você demonstrava ser diferente. Por que mudou?

— Engano seu — respondeu a esposa — É você que não me via como realmente sou. Eu para você não passava de um "troféuzinho" que gostava de mostrar aos amigos. Você não namorava a mulher, sim sua beleza. Casou-se com alguém que podia fazer tudo por você, sem perguntar o que desejo que faça por mim.

O marido ficou pensativo, sabia que ela estava com a razão, ele a amava realmente apenas não estava sabendo demonstrar seu amor.

– Só falta agora você me diz que devemos nos separar – disse ele, temendo a resposta.

– Separação não vem ao caso, isso não resolve. Acredito que ainda temos alguma chance e devemos aproveitá-la. Porque agora, neste período em que estamos vivendo juntos, é que estamos nos conhecendo realmente. Convém, se nos amamos, corrigir as faltas, rever conceitos e mudar o que houver necessidade para vivermos bem. Fazer valer a pena nosso namoro, noivado e principalmente nosso casamento.

– Me desculpe, querida. Vamos zerar tudo e recomeçar, crescer e amadurecer com o casamento, e não fazer o contrário. Se nos amamos, então será melhor viver esse amor. O casamento é uma aliança e dentro dela não há espaço para coisas que não fazem parte da nossa vida conjugal.

Feito os acertos, foram eles felizes por toda vida, porque cônjuges não são perfeitos, mas se aprimoram quando há amor na relação.

Amor ou egoísmo

Não há dor maior do que a de termos de despedir de um ente querido que partiu.

Durante muito tempo ele amargava a dor da enfermidade, e em pensamento pedia a Deus que se fosse da vontade Dele, estava pronto para partir, pois já havia sofrido demais.

Os familiares, no entanto, como é natural, não queriam que partisse e oravam para que a saúde lhe fosse restabelecida.

– Ele já sofreu muito, se tiver de partir será melhor para ele – disse um amigo íntimo, voltado às causas do espírito – Para que prender a pessoa que amamos num corpo sem condições de vida? Não o prendam. Quem morre é o corpo, o espírito prossegue na outra Vida.

– Nós não queremos que ele morra – argumentou a mãe, inconformada – como faremos sem sua presença? Nós o amamos demais para aceitar que se vá!

– Me desculpe o jeito – continuou o amigo da família – Mas isso é um "amor" egoísta. Ele sofre com a enfermidade do corpo. Se for da vontade de Deus, que seja assim, pois ele agora é como pássaro preso à gaiola, que almeja a liberdade para poder voar alto, rumo à Vida Maior.

– Iremos ficar sem sua presença, sem nunca mais poder vê-lo? – indagou o pai, com a voz entrecortada.

– Para quem crê em Jesus Cristo que se permitiu ir ao sacrifício, dando o maior exemplo de amor pela humanidade, crê igualmente que a vida não se limita apenas neste mundo, num corpo. Mas sabe que o amor que nutrimos pelos nossos se perpetua além da matéria. Amor renúncia, amor resignação, amor que liberta e não aprisiona.

O lavrador imprudente

Certo dia um homem foi convidado para lavrar numa pequena seara.

O senhor que o convocara ensinou-lhe os mecanismos para que mais tarde pudesse fazer o plantio.

Depois de determinado tempo após recebido os primeiros informes de como fazer o que lhe competia, ele se deixou enveredar pelo desânimo e negligência. Rapidamente, querendo terminar o trabalho que ainda estava incompleto, semeou alguns grãos, descuidando-se deles logo depois.

Estes cresceram, mas junto com eles cresceu também a erva daninha, companheira da incúria.

Quando o senhor voltou, pedindo mais tarde para que o lavrador fizesse a colheita, esta por sua vez não podia ser feita, porque as ervas daninhas haviam sufocado a boa plantação, restando apenas a vegetação vulgar.

Interrogado pelo ocorrido, o lavrador disse não ter tido tempo suficiente para cuidar da boa semente que germinou e cresceu, porém fora sufocada pelas ervas que dela se ocuparam.

Foi informado, então, pelo dono da seara, de que não poderia lhe fazer o pagamento pelo trabalho. Pois além de perder as sementes de que fora incumbido de semear, não poderia aproveitar também a erva daninha que da lavoura havia tomado conta, de vez que para nada ela serviria.

O lavrador pediu clemência e nova oportunidade, dizendo-se ser mais prudente com o que lhe fosse confiado, naquele momento em diante.

O senhor das terras respondeu que uma oportunidade desperdiçada ou negligenciada, é tempo perdido que não volta mais, ressaltando o que valeria realmente seria o seu empenho e interesse na tarefa que lhe fora confiada conforme o combinado.

Se nem conseguira se esforçar também não era digno, no momento, de ter uma outra chance porque não passou no teste de confiança e no esforço do trabalho.

Assim terminou o lavrador imprudente sem as sementes, sem a colheita e sem pagamento.

Não tendo nenhum outro trabalho depois de ter deixado a plantação, passou a reclamar da sorte, a se revoltar contra Deus. Certa noite ele sonhou com um religioso que lhe citou a *Parábola do Semeador* e na seqüência a *Parábola dos Talentos*. No outro dia ele foi consultar o Evangelho vindo a cair em si, admitindo que realmente havia sido imprudente e relapso diante da confiança que o senhor da seara tinha lhe depositado.

Agora era tarde, deveria ser mais prudente e vigilante, agir com responsabilidade e amor, aproveitando as oportunidades e testes que a vida lhe infligiria para seu crescimento pessoal. Enfim, jamais decepcionar aqueles que nos confiam uma tarefa.

SEM OTIMISMO E FÉ NO CORAÇÃO NÃO, TEREMOS VIGOR PARA SEGUIR ADIANTE.

Ainda há tempo

O desespero é marcado pela descrença, pela falta de fé, e é a causa de muitas tragédias.

Ela dizia ter chegado ao limite, não vendo outra alternativa a não ser a em que a levava a desistir de tudo.

– Jamais afirme isso, minha filha.

Falou a mãe, penalizada com seu estado emocional.

– Eu não estou conseguindo enxergar sequer uma faísca, quanto mais uma luz no fim do túnel – desabafou, inconformada – Por mais que lute, a vida parece estar contra mim. Nada tem dado certo. E as contas aumentam sem ter como saudá-las. Vivo sozinha, sem amigos; os parentes, ah, com esses não posso contar, minha vida segue sem direção, sem esperanças.

— Procure se harmonizar — tornou sua mãe, compreensiva — Tudo é passível de mudança e ainda há tempo para que as coisas se ajeitem, basta continuar lutando, e acreditando, sem permitir que o desânimo ou o desespero a dominem. E isso só você pode evitar.

As palavras da sua mãe penetraram em seu coração como um bálsamo suave, como eflúvios em forma de ânimo e esperança.

E enlaçando-a num caloroso abraço, disse:

— Tem razão, mamãe. Eu ainda tenho muito tempo e vou começar a usá-lo melhor a partir de hoje. Nada pode ser mais forte que eu, se tiver fé e ânimo.

— Sim, querida. Pensando e agindo desta forma que conseguimos superar as dificuldades. Com otimismo, tudo fica mais fácil de suportar, aguardando até que tudo mude para melhor.

63

De braços abertos

Todas as manhãs, ao se levantar, ele ia para fora e de braços abertos saudava o sol, os pássaros, as árvores, enfim, o dia.

Agradecia à Divina Criação a benção de estar vivendo, a saúde, a moradia simples, o trabalho e a família.

Voltava para dentro, tomava seu café e depois seguia para o trabalho, feliz, cheio de energia.

Dificilmente alguém o via de baixo astral e quando recebia algum impacto, movido pela força das circunstâncias, ele não demonstrava abalo, simplesmente silenciava, pedia inspiração ao Alto e de "peito aberto" saia para resolver a questão.

A vida, mediante sua postura e positividade correspondia na mesma proporção e, assim conseguia viver de forma harmoniosa.

Inquirido pelo vizinho que não escondeu a curiosidade, que às vezes o via pela manhã de braços erguidos, sobre o porquê daquele gesto, ele então respondeu:

– Faço isso porque me sinto bem. E seria muita ingratidão da minha parte se não saudasse a vida, a natureza e o dia, diante de tudo que tenho – que não é muito – mas é o suficiente para ser feliz. E quando em meu caminho as pedras aparecem, não seria justo reclamar delas.

– E por quê? – perguntou o vizinho, admirado.

– Porque em realidade nós sabemos muito pouco sobre elas. Se aparecem em nosso caminho, deve haver um motivo, não é obra do acaso. Para ser sincero, nós não conhecemos realmente o que é ter dificuldades... Assim levo a vida sem deixar que seja por ela conduzido, como papel ao vento.

Escolhas

O destino de cada um, muitas vezes, está subordinado às escolhas que fez na vida.

São muitas as pessoas que tomam o caminho errado com o argumento de que a vida os levou a segui-lo, no entanto, não é bem assim.

Seguir ou não por este ou aquele caminho é responsabilidade do indivíduo, mediante as opções que. O livre arbítrio é patrimônio intransferível do espírito humano. O indivíduo pode até receber influências externas de terceiros ou do mundo, mas deixar se sugestionar aí já é uma questão do foro íntimo, sua responsabilidade.

– Eu não tive como não seguir por este trajeto, tudo parecia me levar a percorrê-lo – quis se justificar, ao ser entrevistado por um rapaz.

– Sempre houve e sempre haverá uma outra opção – interveio o jornalista – Por mais difícil e cruel que possam parecer os problemas, não adianta se esconder ou se refugiar pelos caminhos do erro, sempre haverá o caminho do meio...

– Não tive muitas escolhas. Esta foi a única que me restou na vida.

– Se você tivesse pensado melhor, compreenderia que havia outras opções, bastava e as encontraria. Ninguém nos obriga a andar por onde não devamos, somos donos das nossas vontades, portanto, responsáveis pelas decisões que tomamos. Se elas forem ruins, o que podemos esperar dos resultados senão conseqüências do mesmo teor?

– E o que farei para consertar?

– Depende também da sua escolha, do livre arbítrio de querer ou não mudar. A resposta está em você.

Pais e filhos

Os pais da menina chegaram ao consultório do psiquiatra desesperados, expondo ao profissional as suas preocupações em relação à filha única. Não sabiam mais o que fazer para ajudá-la.

– Nos desculpe, doutor – disse a mãe – Eu e meu esposo não sabemos onde erramos na educação da nossa filha.

O médico deixou que primeiramente desabafassem, e o pai da adolescente, salientou:

– Realmente não conseguimos identificar onde foi que falhamos, damos de tudo a ela, e mesmo assim está sempre irritada, agressiva e às vezes nos trata como estranhos.

– Isso mesmo, doutor, – concordou a mãe, apoiando-se nas declarações do esposo. – Ela parece que faz de tudo para nos provocar e em alguns momentos nos ignora. Por nossa vez, chegamos ao limite.

– Que bom que voltaram – disse o psiquiatra. – Mas pelo que tenho acompanhado e analisado, o problema não está na filha de vocês!

– Não?! – perguntou o casal ao mesmo tempo.

– Pelo que percebo, e me desculpem por isso, o problema são vocês e não a filha. Dar de tudo para um filho pode não ser tudo que o filho queira ou precise, se dentro de casa faltar amor, diálogo, carinho e atenção. Dar coisas aos filhos desde a tenra idade só para que eles não nos aborreçam ou parem de chorar, não equivale ou substitui o amor que precisam e merecem. Ela pode mudar, e irá mudar se sentir que vocês estão mudando e que a amam de verdade.

Concluiu o médico.

66

Provações e crescimento

Todos desejavam ouvir uma resposta que justificasse as provações que vinham sofrendo.

Eram pessoas comuns, de bom caráter e temperamento, entretanto se perguntavam do porquê de a Providência Divina os estar "castigando" daquela forma.

– Por que ao sermos visitados pela dor nos apressamos em pôr a culpa em Deus? – disse-lhes aquele a que foram em busca de conforto e orientação – Deus não tem culpa pelo que nos acontece de ruim, muito menos nos castiga!

– Então, senhor, como explicar a nossa situação, não somos pessoas de má índole; por que passarmos por tais tribulações?

– Até mesmo as pessoas boas sofrem, meus filhos. Não é castigo, precisamos passar por determinadas experiências, muitas vezes, amargas e duras que somente o Divino Senhor é capaz de saber os motivos. Pois as respostas que procuram podem estar lá atrás, num passado distante...

– E isto também poderia ser um teste?

Perguntou uma das pessoas envolvidas.

– Pode ser – respondeu o homem – existe uma lei chamada *causa e efeito* na qual todos estamos inseridos. E há, igualmente, a necessidade de reparo de algo que fizemos de errado, ou seja, essas e outras provações, se bem aproveitadas, nos ajudam a evoluir, a crescer em todos os aspectos. Desde que saibamos passar por elas sem revolta, sem excessivas reclamações, para não perdermos os frutos do ensinamento de que elas se fazem representantes.

67

Libertação

O Sábio se aproximou do pequeno grupo que se refrescava às margens do rio Jordão, quando uma das mulheres o reconheceu e se ajoelhou logo a seus pés, suplicando:

– Mestre! Bom é tê-lo entre nós, e em nome de Deus eu lhe peço: cure minha filha, pois vive atormentada com espíritos que a assediam.

O Mestre Galileu olhou enternecido para a mocinha e afagando seus cabelos, indagou à sua mãe:

– Há quanto tempo ela está assim?

– Desde que tinha sete anos, meu Senhor. Agora vive deste jeito, como criatura alienada. Dizem que ela paga pelos erros de nossos pais, seus avós.

– Mulher – respondeu O Sábio – Ninguém pode pagar pelos erros morais dos outros, exceto pelos próprios erros.

E impondo a destra sobre a fronte da menina, disse:

– Quero que fique livre.

E soprou-lhe a fronte, ao que ela desmaiou retornando, logo em seguida, totalmente lúcida e curada.

O Sábio, porém, lhe advertiu:

– Por acréscimo de Misericórdia Divina, eu a libertei, mas quando for adulta e chegar a sua hora, ela irá libertar, em meu nome, outras tantas pessoas da alienação imposta pelo mundo. Os dons espirituais serão disseminados, fazendo a libertação de muitos, inclusive a de seus portadores, caso o aceitem e o honrem. Para a libertação todos são chamados, entretanto, para serem escolhidos terão de se fazer merecedores.

Hora de mudar

Depois de muito tempo, certo homem, após trabalhar em determinada área, sentiu a necessidade de mudar de atividade. Sentia que a atual além de não o projetar profissionalmente, não lhe proporcionava mais prazer e alegria.

Desejava mudar, porém o medo o impedia de ver além do habitual e por conta disso não conseguia deixar de lado o antigo ramo de atividades.

Agradecia a Deus pelo trabalho, mas se achava muito desgastado, pois não lhe davam o devido valor e no final do mês o que recebia deixava a desejar.

Em suas preces pedia ao Senhor lhe concedesse uma nova oportunidade para que pudesse crescer como pessoa, profissional e materialmente.

Temia não encontrar outra atividade que o remunerasse melhor, devido a idade madura, mas não desejava passar o resto da existência fazendo o que só o estava frustrando.

Passou várias semanas mentalizando um novo trabalho, pensando positivamente, até que numa noite alguém lhe disse em sonho:

– Agora está mudando o seu padrão de pensamentos, você está pensando com otimismo, por isso chegou a hora de mudar.

Dias depois recebeu uma carta com a proposta de uma editora, e se tornou um escritor por encomenda. Seus textos foram aprovados e tiveram reconhecimento nacional.

Finalmente ele estava fazendo o que mais gostava.

Trevo da sorte

A sorte ou o azar podem ser conseqüências das nossas escolhas.

O vendedor chegou ao trevo de uma estrada o qual ligava três cidades e para vender seus produtos deveria escolher uma delas.

Dois de seus companheiros opinaram, dizendo qual rumo ele deveria tomar, porém, como não gostava que escolhessem por ele, decidiu seguir pelo caminho que levava à cidade que sua intuição apontara.

Feita a escolha, cada um seguiu para seu destino. Nenhum dos três conhecia aquela região. Somente uma daquelas cidades coroaria a um dos vendedores com a aceitação e dos produtos junto à população.

Aquele que decidiu por si qual rumo seguir, chegou numa cidade maior e para sua surpresa faltaram produtos para atender a demanda.

    Já os outros dois não tiveram a mesma "sorte", a cidade que escolheram não passava de um vilarejo parado no tempo, não encontrando quem se interessasse pelas mercadorias.

    Ao cabo de dois dias os três se encontraram, e os dois sabendo do sucesso do outro, disseram que ele havia tido sorte na escolha.

    – É, pode ser – disse o vendedor. – Talvez aquele trevo tenha sido o único trevo da sorte, mas a minha sorte mesmo até hoje foi sempre obedecer à minha intuição, decidir por mim mesmo, e não permitir que outros decidam em meu lugar.

Processo natural

Vencido os primeiros degraus da escada que o levaria ao sucesso, o jovem e inexperiente empreendedor achou por bem subir dois degraus de uma só vez.

Desejava chegar mais rápido contrariando a naturalidade e a normalidade, na forma como as coisas se processam, pensando dessa forma estar levando vantagem.

Não demorou muito nesta sequência até que, cansado, não conseguiu alcançar o degrau adiante que o fez escorregar e cair, rolando escada abaixo parando somente no patamar em que iniciara a artimanha de pular degraus.

Antes que se levantasse, chegou uma pessoa que o encontrou ainda naquela posição, auxiliando-o a se levantar, perguntando-lhe em seguida o que havia acontecido.

Tendo conhecimento do fato, o gentil cavalheiro disse-lhe:

Levante-se. Recomece a subida, desta vez de degrau em degrau. Não adianta querer passar por cima da normalidade das coisas, do contrário terá de voltar de onde iniciou. Quase tudo na vida segue a uma ordem natural, portanto, subestimá-la é sinônimo de desvantagem, porque terá de recomeçar de onde havia partido.

O rapaz olhou-o, ora sem graça, ora sorrindo, entendendo o que aquele senhor estava lhe dizendo.

– É, o senhor tem razão.

– Eu não, a vida é que tem! – respondeu o cavalheiro – Qualquer coisa que comece de forma duvidosa, errada, está fadada ao fracasso, caso insistamos no erro. Devemos sempre optar pelo processo natural; sem pressa, sem hesitações, sem mentiras ou trapaças.

Recompor energias

Depois de exaustivos esforços, ela demonstrava muito cansaço. Sentia-se fatigada, extenuada e sem motivação.

– Se dê um tempo, sossegue um pouco para voltar mais tarde à luta, de ânimo novo.

Falou-lhe o esposo, preocupado com seu abatimento.

– Você tem razão, preciso tirar o pé do acelerador, tenho estado muito cansada. Na verdade, às vezes, penso em desistir. Venho desperdiçando energias em demasia, sem ver resultados concretos.

– Hei de convir com você no que se refere ao seu cansaço, porém, desistência não irá contribuir em nada, é importante que vá até o fim. Afinal, é a realização do seu sonho.

– Sonhos podem ser adiados ou interrompidos.

Disse ela, mais inclinada a desistir.

– Faça o seguinte, querida: Não desista agora, apenas pare um pouco para recompor energias. Quando se sentir mais segura e suas forças e esperanças estiverem renovadas, ai sim, volte às suas tarefas.

– Tudo bem – respondeu ela – vou descansar o corpo, a mente e o espírito, irei recompor minhas forças junto à natureza. Vamos tirar férias, relaxar, sair desse estresse. Depois voltamos, até pensar em algo melhor e estarei pronta para chegar até o final.

– Ótimo! A vida é para ser vivida de forma equilibrada, por isso precisamos tirar um tempo para nós, não apenas pensar em trabalho, ganhar dinheiro, pagar contas e cuidar dos filhos. Precisamos e devemos estar bem para vivermos melho

Troque as peças

Não importa a dimensão dos problemas, todos eles têm solução. Nesses momentos é muito importante conservar a fé.

Chorosa, uma mulher passava o tempo todo se lamentando e maldizendo, o que ela comumente chamava de "falta de sorte". Embora os problemas existissem realmente, ela exagerava nos desabafos, prolongando dessa forma o seu sofrimento.

Naquela semana, porém, houve uma palestra na empresa em que trabalhava. Entre os temas abordados, a fé em Deus e em si próprio foi o grande destaque.

– Comparemos as dificuldades como a peça de uma máquina que se quebrou – ilustrou o palestrante – O operador da máquina não irá esmurrá-la só porque ela não funciona, correndo o risco com esta atitude de comprometer outras peças e se machucar. Pelo contrário, irá fazer uma pausa, detectar o problema, verificar a peça quebrada e substituí-la por outra, para que posteriormente volte a operá-la.

Todos ouviam atentos, inclusive ela.

– Com relação aos problemas e dificuldades diversas se aplica a mesma técnica: Identificado o que os gerou, procuremos a contento administrá-los, sem desespero, nervosismo ou desânimo. E trocar as *peças* que possam estar emperradas ou emperrando a nossa vida. Essas "peças" podem estar dentro de cada um de nós; na maneira como pensamos, agimos e queremos que as coisas aconteçam. Não adianta colocarmos a culpa em algo ou em alguém, porque somos nós que devemos substituir as peças da negatividade pelas da harmonia.

73

O tempo

O tempo é o melhor intervalo que a Providência Divina nos oferece para que tenhamos a oportunidade de corrigir erros, rever conceitos e aguardar que a situação, seja ela qual for, possa se mostrar diferente, sossegando a nossa ansiedade.

– Não se preocupe com o tempo – adiantou-se a chefe do grupo – pois o tempo certo será aquele em que as coisas devem acontecer.

– Enquanto isso nós iremos permanecer de braços cruzados, sem fazer algo para melhorar?

Perguntou uma das moças do grupo, demonstrando impaciência.

– Nada disso. Falei para não se preocuparem com o tempo da espera, e não para desperdiçá-lo na ociosidade. Por outro lado não fiquem ansiosos, apenas aguardem, confiando no tempo e se preparando melhor para quando o momento chegar.

– Nossa situação não é nada confortável. Como não iremos nos preocupar com o tempo?...

Argumentou um dos integrantes do grupo, preocupado.

– Sim, também sei disso e estou com vocês, mas entreguemo-nos nas mãos de Deus, Ele é o dono do tempo, e acreditemos que o melhor virá para modificar nossas vidas. Não adianta querermos ir contra o tempo, só iremos despender energia em vão. Aguardem, sem ansiedade, porém, tendo em mente que o tempo em breve nos será favorável nas questões que nos interessam. Esta fase irá passar, nós a atravessaremos sem maiores problemas. O tempo é nosso amigo.

Só promessas

Todos os sábados à tarde ela fazia uma visita ao lar para idosos e levava um bolo para os velhinhos. Eles ficavam contentes com a sua presença e se deleitavam com o bolo, embora para eles, ele ficasse em segundo plano, o que importava realmente era sua tão esperada e costumeira visita.
O gesto espontâneo daquela mulher despertava a admiração de todos, ela demonstrava ter muito carinho pelos hóspedes da instituição.

Depois de algum tempo, a visitante deixou de aparecer, e aos sábados os velhinhos ficavam a sua espera.

Passados quase dois meses, uma das enfermeiras do lar a encontrou, perguntando o motivo da sua adrupta ausência:

– Ah! Eu não poderei ir mais, já cumpri minha promessa.

– Promessa? – perguntou a enfermeira.

– Sim. Fiz uma promessa para alcançar um *pedido* que fiz..., na qual eu deveria levar todos os sábados um bolo a um lar para idosos, durante este período. Já cumpri o prometido, paguei a promessa.

– Mas os velhinhos ficaram tristes com seu afastamento, estavam acostumados com a senhora. Eles reclamam sua presença, está lhes fazendo muita falta, sem contar que sentem vontade de comer o bolo que levava para eles. A senhora os cativou, e agora os abandona como se nada significassem, a não ser instrumentos para que alcançasse seus objetivos com uma promessa! Isso é egoísmo, e não se usa o semelhante dessa forma. Isso que fez não é promessa, é barganha insensível e antifraterna.

Deus lhe entende

Todo caminho poderá ser refeito quando há predisposição para fazer mudanças reais e significativas na vida.

Arrependido pelos desvios que fizera ao longo da sua trajetória, o aspirante a propagador das causas Divinas buscou se levantar das suas fraquezas morais, recorrendo à prece e à proteção do Alto.

Embora o seu desejo fosse de viver o bem, ele se ressentia com os intricados problemas de consciência, dizendo não ter autoridade suficiente para servir na lavoura do amor cristão, devido os seus desvios e atitudes pouco coerentes com o que aspirava ser.

Um amigo próximo, compreendendo a sua posição, incentivou-o à renovação:

– Esqueça o que passou. A lâmina que possa ter ferido e até tirado vidas, se esterilizada, poderá servir para salvar outras, na falta de instrumento adequado, na cirurgia de quem possa estar correndo risco de morte. Deus o entende, e conta com sua renovação e melhoria para que dê sua contribuição na seara do bem.

O aspirante derramou grosas lágrimas, dizendo-se querer mudar, mas confessando ser vítima de si mesmo, de suas fraquezas. E o confidente prosseguiu com outro exemplo:

A caneta que escreveu somente terror, degradação e sensualidade, na mão de um escritor responsável escreverá mensagens de teor elevado, divulgando o bem. As fraquezas se tornam forças vivas, acautelando aquele que um dia já foi errante, e que agora mais experiente, quer se tornar uma fortaleza de acertos, refazendo o seu caminho no Bem.

Teste de eficiência

O produtor de frutas concordou em dar uma chance ao jovem rapaz, passando a ele uma cesta de cebolas para que as vendesse. À princípio torceu o nariz, porque o que ele queria mesmo era começar vendendo frutas.

Embora não fosse este o produto que tinha em mente vender, ele aceitou o desafio.

O patrão então passou a observá-lo atentamente, para saber qual seria sua reação, de vez que há tempos desejava trabalhar com ele.

Ao mesmo tempo apareceu outro candidato a vendedor de frutas, que já trabalhava com o produtor, mas permanecia até então na lavagem delas.

A este o produtor deu um cesto de frutas, o que deixou o recém contratado um pouco desapontado, mesmo assim concordou em fazer o serviço. Porém, apenas um deles seria o vendedor oficial de frutas.

Ao final do dia, ambos chegaram ao depósito, o vendedor de cebolas voltara apenas com uma única cebola no cesto, ao passo que o vendedor de frutas voltara com o cesto vazio, confiante de que havia feito uma proeza.

Ambos foram colocados lado a lado e o produtor expôs sua decisão:

– Muito bem, rapazes. Parabéns pela disposição. Eu já decidi qual será o vendedor de frutas.

Aquele que voltou com o cesto vazio, abriu um largo e pretensioso sorriso, olhando com certo desdém ao seu colega, a quem tinha mais na conta de um rival.

– Meu novo contratado será você que vendeu as cebolas.

– Como? Por quê? – perguntou o outro – Eu vendi todas as frutas e trouxe mais dinheiro do que ele, devido ao preço das mesmas, e é a ele que oferece o lugar de vendedor!

– Não fique magoado, sua hora haverá de chegar, afinal você já trabalha para mim.

– Sim, mas almejo ser vendedor e não continuar sendo lavador de frutas e legumes.

– Então, ai está a diferença: sua vontade em prosperar é louvável e justa, mas não meritória. Ele vendeu o produto mais difícil. Vender frutas é fácil, vender cebolas nem tanto, isso faz dele um bom vendedor. Não que você não seja, no entanto ele me provou algo: Que se alguém é capaz de fazer a tarefa mais humilde e, às vezes, a mais difícil, também será eficiente em outras tarefas importantes e mais árduas.

AS PEDRAS QUE NOS SÃO ATIRADAS PODEM ATÉ MACHUCAR, MAS AS VERDADEIRAS FERIDAS SE ABREM NA ALMA DE QUEM AS ATIROU.

Mágoa

Havia uma pessoa que carregava muita mágoa dentro de si, no dizer dela; detestava uma outra pessoa, nem podia vê-la. No entanto, quanto mais ressentimento carregava em seu coração, mais presa a ela parecia estar.

Saia para se distrair e lá estava o desafeto no mesmo lugar. Se ia ao banco, esbarrava com ela à porta, e a mágoa ia só aumentando.

Passado algum tempo, a pessoa que a ofendeu começou a sentir algumas dores, o que ela julgou ser na região cardíaca.

Fez uma série de exames, que constataram nada haver de errado. Porém, aquele incômodo no peito fazia-a respirar com dificuldade. Surgiram as angústias, as fobias, a irritação e o cansaço físico, como se suas energias estivessem sendo sugadas.

Era o peso da consciência, o sentimento de culpa que a corroía por dentro.

Certo dia, estando acamada, recebeu a visita da pessoa a quem ofendera. Pediu que a chamasse, imaginando que em breve deixaria a existência.

Desconcertada, a visitante iniciou o diálogo:

– Por que me pediu para que viesse?

– Na verdade não ando bem de saúde por isso chamei-a para me desculpar, não sei quanto tempo terei ainda!

Emocionada pediu-lhe desculpas, dizendo que havia errado sim; que não soube fazer bom uso das palavras. E que sua atitude fora para lá de descaridosa. Enfim pediu-lhe que a perdoasse.

A visitante condescendeu, penalizada com a situação da ofensora.

No dia seguinte ambas já se sentiam melhor; as fadigas e as dores no peito da ofensora desapareceram como por encanto.

– Está vendo, colega, perdoar e esquecer a ofensa faz bem a ambas as partes.

Disse-lhe sua melhor amiga.

– Perdoar é uma coisa; esquecer é outra – tornou ela – Fica difícil confiar em pessoas que nos traíram ou nos ofenderam.

– Sim, eu sei. Importante é que perdoe mesmo, quanto ao esquecimento, não tem nada a ver com sentimento porque o esquecimento faz parte das funções de memória, portanto, perdoar não é esquecer. Um é sentimento, outro é função de memória.

– Entendo. – disse a ofendida – Perdoar é lembrar da ofensa sem se importar com ela, sem ter raiva ou desejo de vingança de quem nos machucou.

– Isso mesmo! Você agora está entendendo. Perdoar é quebrar os grilhões da discórdia, do ódio. É vibrar em outra faixa de pensamentos sem dar margem ao desequilíbrio e a perda da razão, fatores estes tão importantes e indispensáveis para viver em paz consigo mesmo.

Ela estava ciente de que esquecer uma ofensa é algo que não acontece de um momento para outro, porém não é preciso ficar rememorando tais acontecimentos.

Os registros de tudo ou quase tudo que nos acontece permanecem em nosso inconsciente, mas isso não é empecilho para adotarmos uma postura diferente face às contrariedades da vida que nos visitam a caminhada.

Honestidade

O pacote de dinheiro encontrado estava caído atrás do banco em que ele sempre se sentava para descansar, numa das estações. E o valor deste ele só veio saber depois de tê-lo aberto, ficando logo em seguida preocupado com o que encontrara.

Ele disfarçou para que ninguém percebesse e o colocou no carrinho que transportava durante a limpeza que fazia no local.

Quando terminou suas tarefas, foi até o vestiário, quando este estava vazio, e averiguou detidamente o valioso embrulho. Descobriu por fim o nome e o telefone daquele que supostamente seria o dono do dinheiro.

Embora as dificuldades de ordem pecuniária, o seu pensamento foi como faria para devolver a soma ao seu real proprietário. Mas depois de encontrar os dados pessoais, sentiu-se mais aliviado.

Certamente o embrulho havia ficado ali por engano, e o seu dono deveria estar desesperado, imaginando onde ele poderia ter caído.

Ao chegar em casa comunicou o fato a esposa que lhe disse para fazer com o achado o que bem pretendesse, ela o apoiaria na decisão.

Pegou o papel com o número de telefone e ligou, pensando se tratar, pelo nome e sobrenome, de uma pessoa importante.

Do outro lado da linha alguém atendeu, ele perguntou sobre o nome que estava no papel e a pessoa então lhe perguntou:

– Quem está falando?

Ele se apresentou, ressaltando que tinha um assunto importante para tratar com a pessoa para quem estava ligando.

– Ah, é o senhor! – exclamou a interlocutora do outro lado da linha – Desculpe-me, senhor, mas o meu marido já não lhe pagou a dívida?

– Como? Não estou entendendo.

– Eu que não estou lhe entendendo. Não sabia que ele faleceu semana passada, dois dias após de lhe fazer o pagamento?

O zelador ficou confuso, pensando consigo que deveria estar havendo algum engano.

– Ah! Ele faleceu? – indagou ainda surpreso – Como poderia saber, eu nem o conhecia.

– Como não? Este nome pelo qual me perguntou é de *fulano de tal*, meu marido, era um pseudônimo dele. Ele disse que não morreria em paz se não o pagasse. Depois de muitos anos ele recuperou tudo novamente, e sempre lamentou pelo prejuízo que lhe causou, embora não fosse por querer. Quando disse que o havia encontrado novamente, prontamente fez questão de ressarci-lo. Agora, senhor, poderá ter uma vida mais tranqüila. Meu marido faleceu feliz por haver lhe proporcionado isso outra vez.

O zelador da estação se lembrou do nome: era de um amigo seu que se arruinou nos negócios, complicando também a vida dele. E isso já fazia muito tempo.

Ele partiu feliz, porque para as pessoas honestas, compromissadas com a verdade, a recompensa é a satisfação do dever cumprido, é a paz de consciência.

Os valores interiores estão acima de qualquer valor do mundo ou sistema por acreditar que vale a pena, apesar de todas as coisas, ser pessoa de bem, com humildade, amor e desapego.

Lentes escuras

Na vida muitas coisas são resultados da forma como as vemos e falamos.

Ela via motivo de insatisfação em quase tudo; não via beleza nem mesmo na mais bela e perfumada flor. O ar lhe parecia sempre carregado; sua óptica da vida era mais obscura do que se usasse óculos escuros.

Certa vez alguém lhe perguntou como conseguia viver daquela maneira, com o negativismo saltando pelos poros.

– Não disponho de tempo para bobagens – disse com afetação – Sou uma pessoa que não se deixa iludir por nada.

– Mas você vive se iludindo, queira ou não.

Afirmou o interlocutor, prosseguindo logo depois:

– A pessoa que só enxerga a vida pelo lado negativo, está se enganando e o que é pior, contagiando as pessoas e o ambiente ao seu redor. Troque as lentes escuras, use *lentes coloridas* para ver a vida, as pessoas e situações com mais beleza no olhar e esperança no coração.

– Está me dizendo que sou uma pessoa amarga, negativista?

– Não é preciso que diga, pois você mesmo passa esta imagem. Olhe para dentro e fora de si, de coração brando, de alma limpa e de olhos mais abertos para o colorido da existência, e não para o ponto negro em que fixou o olhar.

– A vida me fez assim – alegou, contrariada – como posso ser diferente se o destino me faz ser desse jeito?

– Não. Você que vem se deixando ser dessa maneira, é você que precisa vibrar em outra faixa só assim conseguirá encarar as coisas de forma mais positiva.

Hei de vencer

A nostalgia havia ganhado espaço em seu íntimo. Fragilizada, ela punha em dúvida seu potencial, sua força interior e assim a baixa auto-estima se transformava em erva daninha, sufocando as flores da felicidade.

– Levante a cabeça, não é hora de esmorecer – disse um amigo procurando levantar seu astral – Depois de ter iniciado os passos e chegado até aqui seria covardia desistir agora. Você não acha?

– Confesso – respondeu ela, desconsolada – que não tenho mais onde me agarrar. A luta tem sido inglória, temo ter sido em vão todo meu empenho e dedicação.

– Se a luta tem se mostrado difícil é um motivo a mais para que seja grande a sua ascensão. Haverá de vencer! Mas para que isso aconteça você deve persistir

– Não é tão fácil como diz – ressaltou ela, como se estivesse olhando para trás, relembrando o caminho percorrido.

– Se insiste em olhar para trás não se esqueça de observar aqueles que permaneceram à margem da estrada; não retrocederam nem avançaram para concluir a caminhada. Você quer ficar como eles?

– É óbvio que não! – tornou ela com certo brilho nos olhos.

– Então, coragem! Levante-se e prossiga, diga a si mesma: Hei de vencer! Não importam quais forem os obstáculos, hei de superá-los.

Resgate

– Por que clama em meio à escuridão?
– Porque só eu sei quanta dor trago em meu coração.
– Por que fita as paisagens de desalento?
– Porque só eu conheço o que me provoca este sofrimento.
– Por que não pede ajuda diante de tal penumbra?
– Sinto-me indigno, diante de uma luz que me vislumbra.
– Por que não faz uma prece a Deus?
– Sinto-me também distante dos benefícios Seus.
– Deus é um Pai amoroso, faça uma prece.
– Não consigo, a consciência me enrubesce...
– Creia na misericórdia e no perdão Divino.

– Está bem. Seguirei o seu conselho, pois como você também já fui menino.

– Entenda, só a luz é capaz de nos colocar diante dos inúmeros benefícios, conjugados no amor de Jesus.

– Não é o único assim, a se penitenciar.

South American Region – Eu sei. Não sou tão ruim, mas estou apenas os meus atos a espiar.

– Esqueça. Muito tempo já se passou. Fortaleça seu coração, Deus já lhe perdoou.

– Olha, vejo uma claridade...

– É um anjo de verdade?

– Não, é um amigo também.

– Amigo de quem?

– Amigo de todos nós. É um Mensageiro, ouça sua voz...

– Para onde me levará?

– Numa das moradas do Pai. Lá você encontrará a felicidade de um mundo verdadeiro, que nunca se esvai.

Durante a tempestade

Ele pretendia levar o barco até a outra margem do grande rio, mas a força do vento não o permitia fazer a travessia. Os riscos eram muitos e suas chances de concluí-la seriam poucas, ou seja, a sua coragem poderia resultar em tragédia.

Havia mais de uma dezena de pessoas na embarcação, sobre as quais sentia-se responsável pela segurança delas. Portanto, não podia expô-las ao perigo.

Se não fosse a apreensão e o cansaço dos tripulantes, poderia ter êxito em sua tentativa, mas isso era só uma hipótese!

Mas havia pessoas que preferiam enfrentar a tempestade, a ter de passar noite ali e esperar até que a tormenta passasse.

Onde estavam atracados não corriam perigo, entretanto, se aventurassem a atravessar o rio, o inevitável poderia acontecer.

Na vida, muitos indivíduos ainda se comportam dessa maneira; alguns com responsabilidade e cautela, pensando não apenas em si, mas igualmente nos outros.

Há outros, porém, que preferem pôr em perigo não apenas a própria segurança, mas a de terceiros também, sem ao menos se importar com as conseqüências das suas atitudes.

A prudência e o respeito à vida, seja das pessoas, dos animais, das plantas, das aves e da ecologia será sempre o melhor antídoto contra o veneno do personalismo, da precipitação e da ambição desenfreada.

– Durante a tempestade – disse o comandante da embarcação – que esteja passando pela nossa vida, não nos desesperemos e nem nos precipitemos. Mantenhamos a calma, a fé em Deus até que ela perca a intensidade ou se extingue para que possamos levar avante os nossos propósitos de vida.

Após o Calvário

Depois do Calvário, muitos se surpreenderam ao ver os fenômenos que precederam ao último suspiro do Messias, Jesus de Nazaré.

Alguns creram Nele, outros temeram ante o que presenciaram.

Para seus inimigos aquela teria sido uma tarde vitoriosa, pensando terem calado a voz d'Àquele a quem perseguiram.

– E agora, o que será de nós? – indagou Ateneu ao amigo, ambos simpatizantes de Jesus.

– De nós, tenho comigo – respondeu o interpelado – que devemos continuar vivendo sob a luz do que Ele nos ensinou. Quanto ao mundo, não posso responder, porém, acredito que jamais será o mesmo!

– Como assim? – tornou Ateneu – Os poderosos zombam de nós, como fizeram ao Cristo, pois o mundo pertence aos fortes.

– Engano seu, caro Ateneu – redargüiu o amigo – A força está nas idéias, no conhecimento e não na espada, na lança ou no poder temporal. Cristo reina em nosso mundo íntimo. Pararam o Homem, não suas idéias, ensinamentos e exemplos de vida. A força de cada um reside dentro e não fora deles.

Ateneu ficou meditando por algum instante a respeito das palavras que ouvira do amigo e condescendeu feliz:

– Você está certo! O que importa são a força da fé, do equilíbrio e do amor. Entre a humanidade prevalecerá a mensagem de Jesus e não a autoridade dos Césares, pois na Vida após esta vida se levará em conta a força do Amor.

Mãe natureza

Ele só pensava em ganhar dinheiro, aumentar seus lucros e gozar de uma vida sem maiores sacrifícios. Para tanto ele dizia ser necessário derrubar algumas árvores da pequena propriedade, próximas à nascente de um rio.

As árvores impediam-no de fazer suas lavouras de grãos, sobre os quais esperava obter maiores lucros e com isso enriquecer.

Assim ele o fez ao longo dos anos.

Ganhou muito dinheiro, prestígio, enriqueceu. Passado longo tempo, já em idade madura, ele sentia o peso da saúde debilitada. Ele ainda morava na mesma propriedade, e aposentado das suas funções comerciais, passava boa parte do tempo sentado na varanda, olhando, não se sabe para onde.

Sentia falta de andar por um campo verde, sentar-se debaixo de árvores frondosas e sob a sombra delas respirara o ar puro da mãe natureza. Desejava contemplar o verde das matas, ouvir o canto dos pássaros e sentir o frescor e a leveza dá água da mina, a qual sobrara apenas um filete de água.

Naquele momento ele percebeu o quanto estava só. Rico como sempre desejara estar, por outro lado sentia-se pobre de espírito.

A fortuna que amealhara, agora àquelas alturas da vida não lhe dava o mesmo prazer de antes, que seria o de contemplar a paisagem florida, arborizada e o barulho do rio que nascia em seu sítio.

Gostaria de passear com os netos por entre as árvores que já não existiam mais, as mesmas derrubadas por ele para mecanizar a terra.

Sobrara, simplesmente, um imenso campo limpo, terra sem plantação alguma, uma terra sem vida, sem água, sem colorido.

Olhou para trás, para o passado e percebeu que a riqueza que levantara havia significado muito pouco diante do muito que derrubara.

O que iria deixar para os filhos, os netos a não ser dinheiro, quando uma parte do maior patrimônio da vida ele havia exterminado: a natureza?

Antes de deixar a existência ele usou parte do seu dinheiro, contratou homens e mulheres para fazer outro plantio em suas terras.

Milhares de mudas de árvores foram compradas, e plantadas pela propriedade, na tentativa de reverter o mal que fizera e o péssimo exemplo que dera aos seus familiares e amigos, durante todos aqueles anos.

Moral da história: Quem destrói a natureza, destrói a própria vida, o lar em que vive, o planeta chamado Terra.

Pensemos nisso!

Paz: sonho e realidade

Há um sonho que é compartilhado senão por todos, pelo menos pela maioria e o desejo de torná-lo unânime em realizá-lo faz as pessoas se unirem em torno desse nobre ideal. É o sonho da paz, da igualdade, de um mundo transformado, pacífico regenerativo.

– Como farei para levar uma vida de paz e prosperidade, sendo que nem todos agem ou estão imbuídos em prol desta mesma paz que almejamos?

Pergunta feita por um jovem, demonstrando preocupação ante os contra-sensos da humanidade.

– A paz do mundo – disse o filósofo – é algo que só será possível ao passo em que cada um de nós descobri-la no imo da própria alma. É no mundo íntimo que nasce o bem e o mal; a paz e a guerra. Portanto, nos auto-analisemos e nos disciplinemos para que esta paz se estenda de uns para com os outros.

– Isso não é tarefa fácil! – tornou o rapaz, com racionalidade, entrevendo as dificuldades de cada indivíduo – Em realidade esta paz verdadeira parece não pertencer a este mundo.

– Sim. Você tem razão, meu jovem. Porém, se você estiver em paz consigo, de mente e coração harmonizados já estará contribuindo em prol da paz mundial. Lembre-se: Uma gota de água não é um rio, mas ela não deixa de ser importante na formação dos rios, dos mares e oceanos. Você poderá até dizer: "É apenas uma gota d´água no oceano". E eu lhe digo que sem esta gota d´água o oceano também seria menor.

– Mas essa faria alguma diferença na imensidão das águas? – perguntou o rapaz, novamente.

– É por achar que pequenas coisas não fazem a diferença diante da imensidade do que vemos, que o homem deixa de ser honesto, educado, sincero, amoroso e correto.

Não nos esqueçamos que de uma faísca nasce o fogo. Que de uma semente plantada nascem dezenas e centenas de outros grãos, que se tornarão sementes, no pé de uma fruta. Que de um gesto de carinho e amor podem servir de inspiração para que outras pessoas passem a fazer a parte que lhes cabe em prol de um mundo mais espiritualizado, e consequentemente melhor.

Então, o sonho da paz passa a ser uma realidade.

O grupo que ouvia a explanação do filósofo e um dos presentes também disse:

– O que o senhor nos disse faz sentido. Logo suas palavras não são apenas teorias filosóficas e sim verdades incontestáveis para que passemos da teoria à prática fazendo o que estiver ao nosso alcance para que realmente a paz comece dentro de nós contagiando o mundo.

Lembrança de Filho

Sabe, mãe! Parti triste,
Imaginando nunca mais encontrá-la.
Hoje a alegria me assiste,
Permitindo-me visitá-la.

    Vejo no teu semblante
    Que quase nada mudou,
    Parece estar como antes.
    Alegra-te, teu amado filho voltou!

Não penses que tudo se extingue
Quando a morte aparece.
Não te permitas sofrer melindres
Onde a saudade prevalece.

    Deus é justo e Bom.
    Sabe do que precisamos.
    A vida que Ele nos deu é um dom,
    Que continua em outro Plano...

Leia do mesmo Autor:

- Pensando Positivo
- Força Interior
- Quando o amor é mais forte
- Atitudes Positivas